100 recettes de Lapin

Gilbert WENZLER

Photos . S.A.E.P. / J.L. Syren

EDITIONS S.A.E.P.
INGERSHEIM 68000 COLMAR

préparation très simple

préparation facile

préparation élaborée

○ peu coûteuse

○○ raisonnable

○○○ chère

Beaucoup d'ouvrages culinaires traitent quelques recettes classiques de lapin. Elles sont pourtant assez nombreuses pour justifier un livre ne traitant que ce sujet.

Dans ce livre, on trouvera 100 manières différentes d'accomoder le lapin. Le lapin domestique ou de garenne offre une chair blanche et pauvre en calories et joue parfaitement son rôle de viande maigre. Le goût musqué du lapin de garenne se prête davantage à des préparations tels que terrines et pâtés ; mais toutes les recettes de lapin domestique se prêtent au lapin de garenne.

Certaines recettes ne traitent qu'une partie de l'animal. Il faut savoir que toutes les grandes surfaces vendent des découpes de lapin (abats, fricassé, baron, cuisses, épaule) à des prix abordables et à la portée de toutes les bourses.

Sauf annotation particulière, nous ne citons pas de marques de vins. Il est bon de noter que la réussite d'un plat dépend en grande partie de la marchandise utilisée. Ainsi, un vin de qualité supérieure donnera un résultat nettement plus avantageux. C'est à l'exécutant de la recette qu'appartient ce choix financier et de qualité.

Toutes les recettes de lapin en sauce sont données pour 6 personnes. Il faut savoir que le liquide de cuisson doit recouvrir les morceaux de lapin à hauteur (75 cl.) sauf annotation. Les morceaux de lapin sont disposés dans une cocotte en fonte épaisse de grandeur moyenne pouvant les contenir. Le temps de cuisson peut être variable selon la tendreté du lapin. Il faut compter entre 45 mn. et 1 h. de cuisson à petit feu et à couvert.

Certaines recettes peuvent paraître compliquées du fait du désossage d'une partie de l'animal tel que les cuisses ou le râble. Ces morceaux se désossent très facilement à l'aide d'un petit couteau tranchant. Il suffit pour cela de longer les os et de les retirer.

Nous vous souhaitons beaucoup de plaisir dans la préparation de ces recettes.

Culinairement vôtre

DECOUPER UN LAPIN

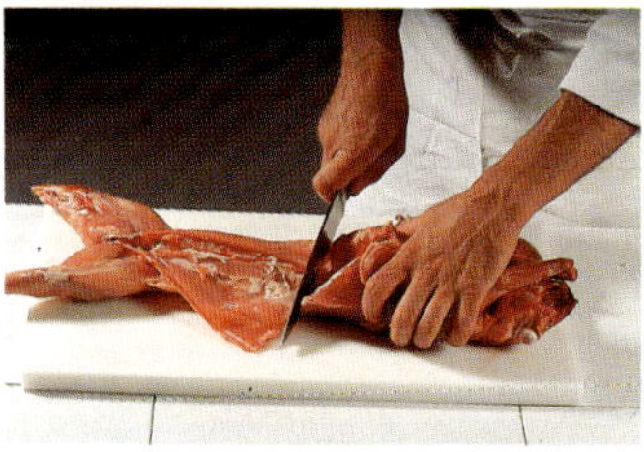

Enlever le foie et les rognons. Couper le lapin en deux à la hauteur des 1e côtes. On obtient le baron.

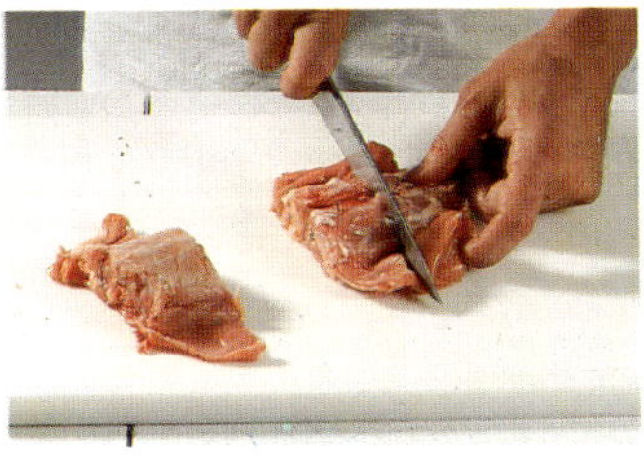

Couper le râble en 3 ou 4 morceaux.

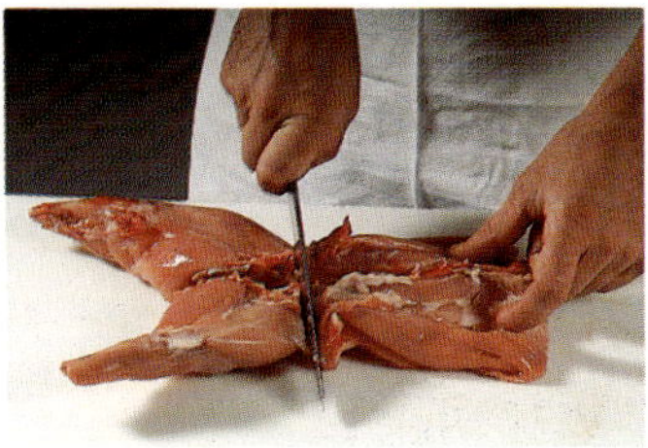

Détacher le râble des cuisses.

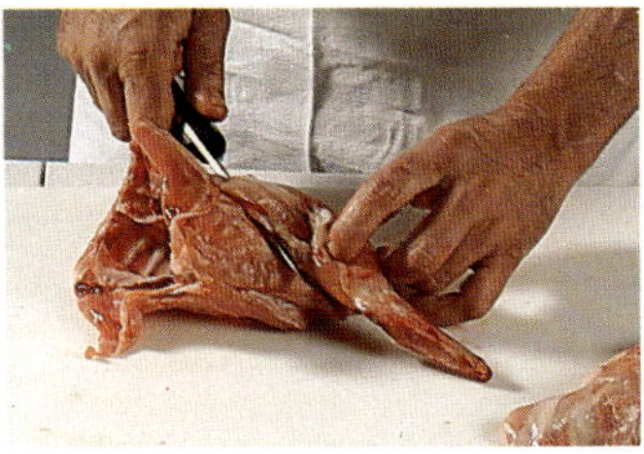

Découper l'avant. Détacher les épaules et couper le coffre en 2 ou 4.

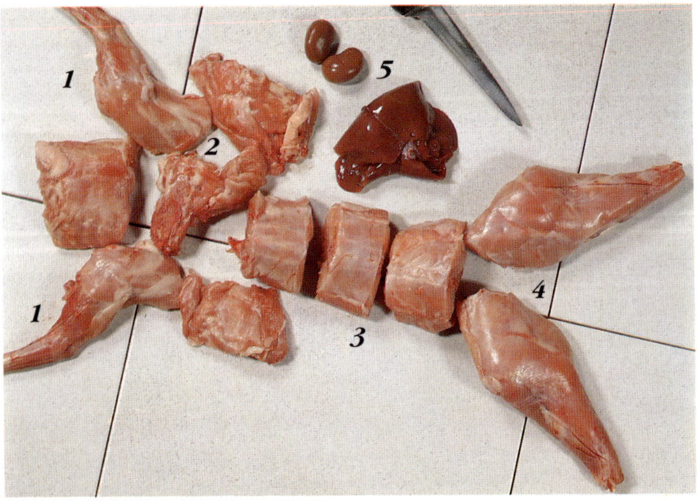

1 Les pattes avant - 2 Le coffre coupé en quatre - 3 Le râble coupé en trois - 4 Les cuisses - 5 Le foie et les rognons.

DESOSSER UNE CUISSE

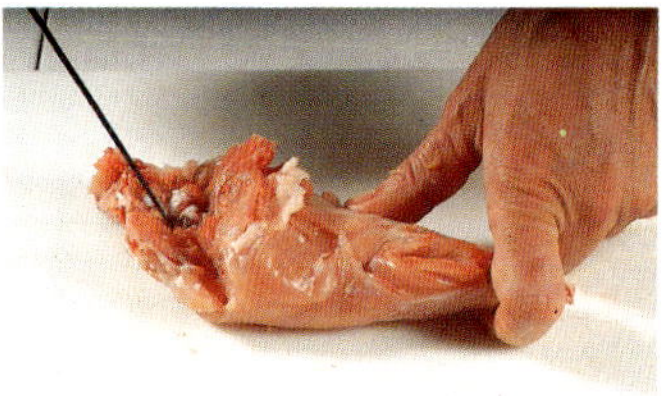

Détacher l'os du haut de la cuisse.

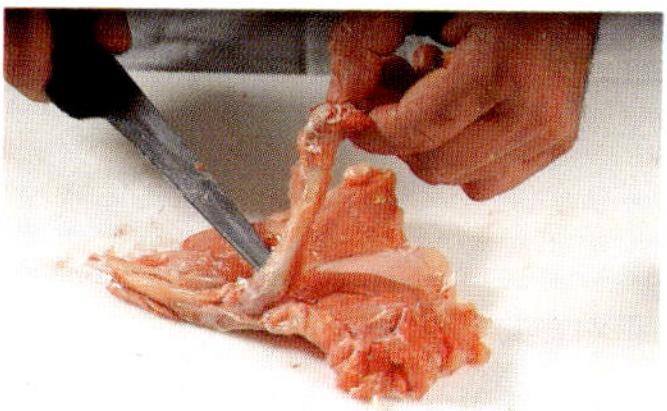

Suivre l'os avec la pointe du couteau. Le dégager.

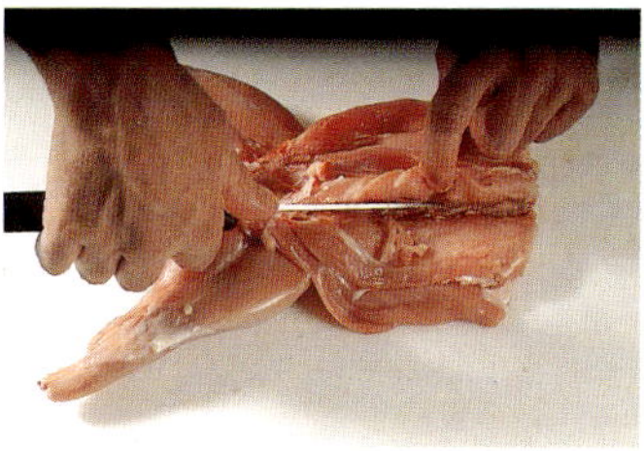

Couper à l'aide d'un petit couteau, de chaque côté de l'os.

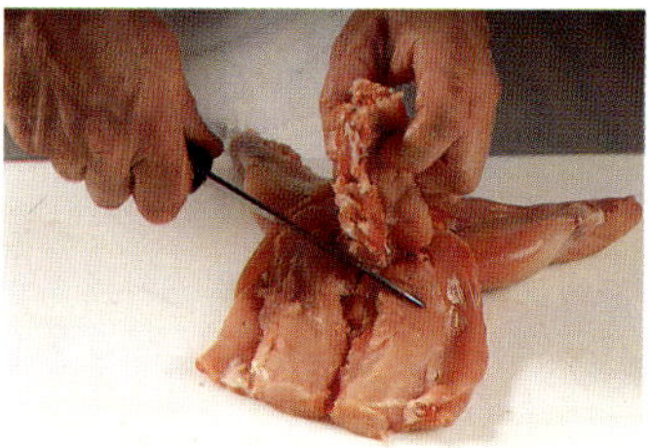

Passer la lame sous l'os et le dégager.

FARCIR UN BARON

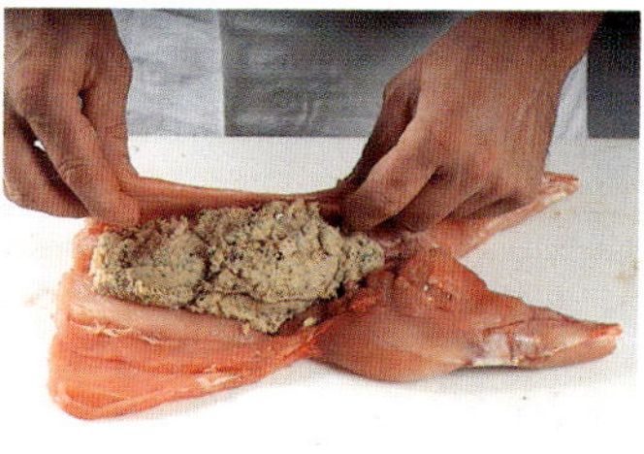

Répartir la farce. Ramener les bords.

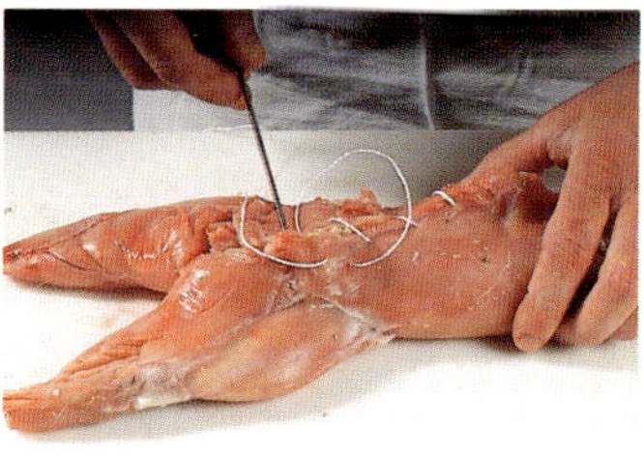

Le coudre en commençant par le côté opposé aux cuisses.

DESOSSER UN RABLE

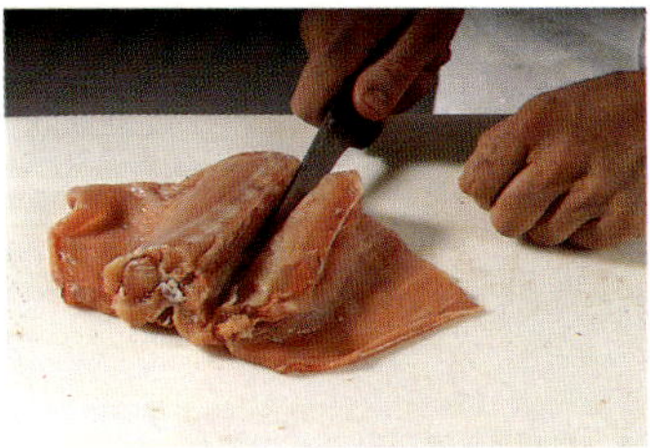

Par l'extérieur, longer l'os en entaillant le dos.

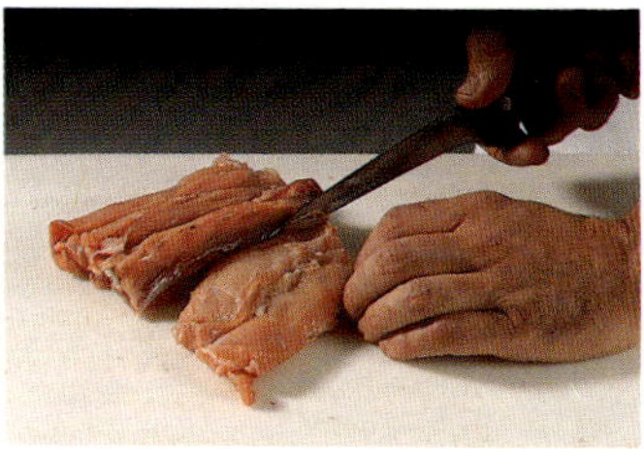

Par l'intérieur, procéder de même en commençant sur l'autre côté.

PARER LES FILETS

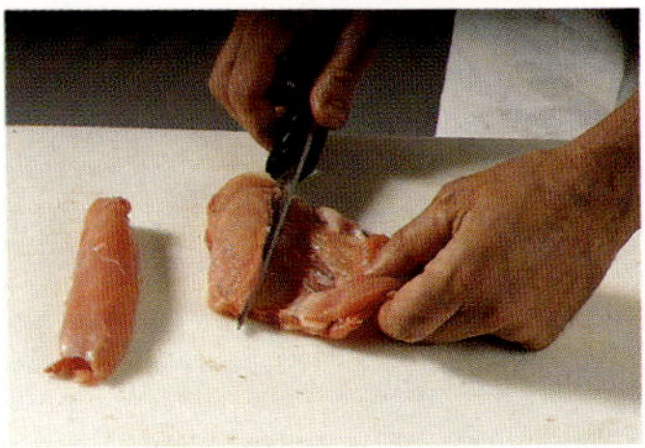

Parer les filets.

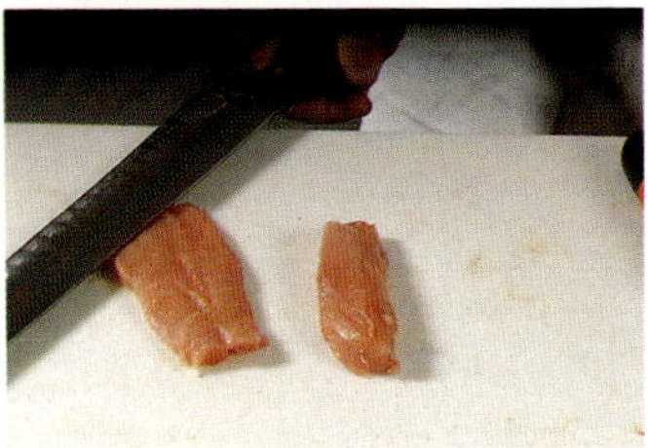

Les ouvrir en deux puis les aplatir.

FARCIR UN RABLE

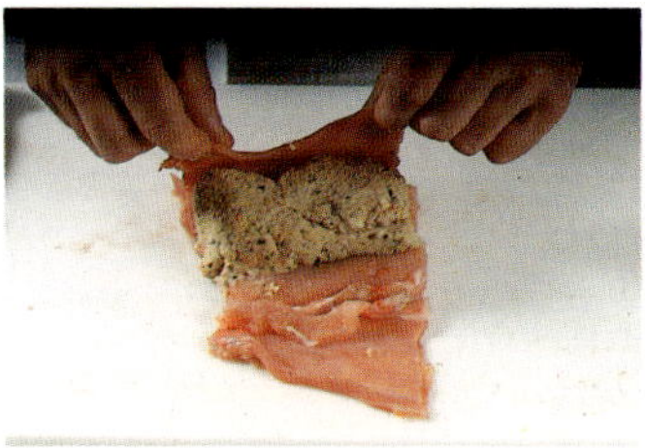

Un râble désossé : répartir la farce, ramener les bords et coudre en les maintenant.

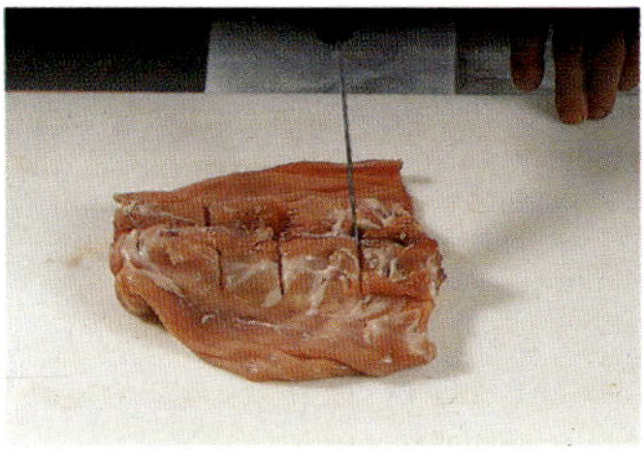

Un râble non désossé : casser l'os en 2 ou 3 parties pour faciliter le découpage après la cuisson, puis procéder comme pour le râble désossé.

Boudins de lapin

Prép. : 20 mn. Cuiss. : 20 mn.

4 pers.

400 g. de chair de lapin + le foie d'un lapin / 2 jaunes d'œufs / Sel / Poivre / 2 échalotes hachées / 20 g. de beurre / 1 cuil. à soupe de persil haché / 1 cuil. à soupe de ciboulette hachée / 1/3 l. de vin rouge / 120 g. de beurre / 1 dl. de crème.

Faire revenir doucement les échalotes au beurre .

Hacher finement la chair de lapin avec le foie, ajouter les jaunes d'œufs, les échalotes, le persil, l'assaisonnement et la crème.

Beurrer 4 feuilles de papier aluminium. Poser un boudin de farce sur chaque feuille, fermer les extrémités, les mettre à cuire dans un cuiseur-vapeur pendant 20 minutes.

Préparer la sauce pendant la cuisson en mettant le vin rouge à réduire des trois-quarts, incorporer le beurre en noisettes en fouettant. Assaisonner.

Poser les boudins cuits sur assiette, napper de sauce et servir, saupoudré d'un peu de ciboulette hachée.

Charlotte de lapin aux aubergines

Prép. : 1 h. Cuiss. : 1 h.

8 à 10 pers.

500 g. de lapin / 100 g. de mie de pain / 1 dl. de lait / 1 œuf / 1 cuil. à soupe de persil haché / 3 aubergines (600 g.) / 1 œuf / 2 dl. d'huile d'olive / Sel / Poivre / Muscade / 1 gros oignon / 30 g. de beurre / 1 bouquet de persil / Sauce tomate (p. 91).

Faire revenir à l'huile les aubergines en tranches sur les deux faces, les réserver sur une grille pour qu'elles s'égouttent.

Hacher la chair de lapin, ajouter la mie de pain trempée dans le lait, l'œuf, l'oignon revenu au beurre, le persil. Assaisonner.

Tapisser un moule à charlotte d'aubergines. Remplir de farce, recouvrir de rondelles d'aubergines. Mettre au bain-marie, à four th. 6. Vérifier la cuisson à l'aide d'une aiguille. Pour servir, démouler et tailler en tranches. Entourer la base de sauce tomate. Décorer d'un brin de persil et servir.

Cuisses confites de lapin de garenne

Prép. : 10 mn. Cuiss. : 1 h. 20 mn.

4 pers.

1 l. de graisse d'oie / 4 cuisses de lapin de garenne / Sel / Poivre du moulin.

Dorer sur toutes les faces les cuisses de lapin dans un sautoir chaud avec une noix de graisse d'oie.

Mettre la graisse d'oie à chauffer dans une casserole. A ébullition, réduire le feu au maximum. Ajouter les cuisses et laisser frémir. Vérifier la cuisson à l'aide d'une aiguille. En fin de cuisson, mettre en bocal et réserver au frais.

Pour l'emploi, réchauffer doucement les cuisses dans un peu de graisse.

Se sert chaud ou froid.

Feuilles de chou farcies au ragoût de lapin

XX O

Prép. : 50 mn. Cuiss. : 15 mn. + 50 mn.

6 pers.

12 belles feuilles de chou vert / 450 g. de chair de lapin (2 cuisses) / 80 g. de poitrine fumée en lardons / 2 oignons / 1 cuil. à soupe de concentré de tomate / 1/4 l. d'eau / 200 g. de champignons de Paris cuits et hachés / 1 cuil. à soupe rase de farine / 1 couenne de lard / 1 carotte / 1 oignon / 1/2 l. de bouillon / Sel / Poivre / Thym / 3 cl. d'huile + 20 g. de beurre .

Blanchir le chou 10 minutes, le rafraîchir.

Désosser les cuisses et les émincer en lamelles fines. Les faire revenir dans le mélange huile-beurre pendant 5 minutes avec 1 oignon haché et les lardons. Ajouter la tomate concentrée, puis la farine, mélanger, assaisonner, ajouter l'eau et cuire à couvert 15 à 20 minutes. Réserver et laisser refroidir.

Poser sur chaque feuille de chou un peu de ragoût, fermer les feuilles, les poser sur une plaque allant au four tapissée de cubes de couennes de lard, de quartiers d'oignon et de carotte émincée. Ajouter le bouillon et enfourner, th. 6. Arroser souvent pendant la cuisson.

Dresser sur un plat et entourer du bouillon de cuisson.

Flans de lapin

Prép. : 40 mn. Cuiss. : 20 mn.

4 pers.

650 g. de chair de lapin / 2 échalotes / 5 cl. de jus de citron / 2 œufs / 3 dl. de crème / Sel / Poivre / Muscade / 1 cuil. à soupe de persil haché / 30 g. de beurre + 20 g. pour les moules.
Sauce : *2 foies de lapin (180 g.) / 5 cl. de vinaigre de xérès / 150 g. de tomates pelées épépinées et concassées / 1/4 l. de vin rouge / 1/4 l. de fond brun lié / 1 cuil. à soupe de ciboulette / Sel / Poivre / 1 bouquet de persil.*

Mixer la chair de lapin avec les œufs, l'assaisonnement, le jus de citron et la crème.

Faire revenir les échalotes hachées au beurre. Les ajouter à la farce ainsi que le persil haché. Assaisonner. Beurrer des petits moules. Les remplir, les mettre au four, th. 7, au bain-marie. Mettre le vin et le vinaigre à bouillir, laisser réduire de moitié. Ajouter les foies de lapin mixés, cuire 3 minutes puis ajouter le fond brun, cuire 5 minutes. Passer, ajouter la tomate concassée, ajouter la ciboulette, goûter l'assaisonnement.

Napper le fond des assiettes de sauce et y poser un flan de lapin. Décorer de persil et servir aussitôt.

Gelée de lapin aux légumes

✗✗ ○

Prép. : 35 mn. Cuiss. : 3 h.

Repos : 12 h. 10 pers.

1 kg. de chair de lapin (on peut utiliser des avants de lapin) / 1/2 l. de bouillon / 1/2 l. de vin blanc / Sel / Poivre / Thym / Romarin / 2 feuilles de laurier / 1 clou de girofle / 4 baies de genièvre / 1 pied de veau / 1 branche de persil / 5 cl. d'huile / 250 g. de macédoine de légumes cuits (frais ou en conserve ou surgelés).

Dorer les morceaux de lapin à l'huile chaude sur toutes les faces puis jeter la graisse, ajouter le vin, le réduire d'un tiers, ajouter le bouillon et la garniture aromatique, l'assaisonnement, le pied de veau fendu en deux dans la longueur, couvrir et cuire à feu doux pendant 3 heures.

Retirer la viande, jeter les os, réunir le tout dans un saladier avec les légumes cuits pour mélanger légumes et viandes. Tasser dans une terrine, verser le jus de cuisson restant (il doit rester un demi-litre), mettre au frais une nuit.

Démouler le lendemain, tailler en tranches, accompagner de salades ou de crudités.

Pour cette recette, utiliser comme vin blanc du Monbazillac.

Lapin farci aux escargots et aux arachides

Prép. : 1 h. Cuiss. : 1 h.
Marinade : 12 h. 12 pers.

1 lapin / 1/4 l. de vin blanc / 5 cl. de porto / 180 g. d'escargots / 120 g. de noisettes / 80 g. pistaches émondées / 280 g. de gras de porc / 5 cl. de crème / 2 bardes de lard / Sel / Poivre / 4 épices.
Garniture aromatique : *1 branche de persil / 1 oignon / 1 feuille de laurier / 1 clou de girofle.*

Désosser le lapin. Récupérer la chair des cuisses et des épaules, la tailler en gros dés et la mettre à mariner avec le vin blanc, le porto et la garniture aromatique pendant une nuit.

Le lendemain, passer la chair avec le gras de porc au mixer, ajouter au fur et à mesure la crème fraîche et la marinade. Assaisonner. Mélanger délicatement les escargots, les pistaches, les noisettes. Vérifier l'assaisonnement.

Poser le lapin désossé à plat sur la barde de lard. Chemiser d'une couche de farce, poser dans le sens de la longueur les deux filets assaisonnés, recouvrir d'une couche de farce, reconstituer le lapin en le roulant dans la barde, ficeler comme un rôti et mettre à cuire th. 6 pendant 1 heure en le retournant de temps en temps.

Laisser refroidir. Pour servir, enlever la barde, tailler en tranches, disposer sur assiette, décorer selon le goût personnel et selon la saison : persil, cerfeuil, basilic, œufs durs etc... Façonner une mousse de tomates à la cuillère et la disposer sur chaque assiette.

La chair récupérée sur le lapin doit peser 800 g. Prévoir un lapin de 3 kg.

Mousse de tomates :

3 tomates, soit 250 g. / 1/4 l. de crème / Sel / Poivre / Sucre / 3 feuilles de menthe.

Monder les tomates, les épépiner, les hacher. Battre la crème en chantilly, ajouter la pulpe des tomates, sel, poivre, sucre, menthe hachée.

Lapin en gelée

Prép. : 30 mn. Cuiss. : 3 h.

Repos : 12 h. 10 pers.

1 kg. de chair de lapin (avant ou arrière) / 1 dl. d'alcool de prune / 5 cl. de vin blanc / 1 barde de lard / Sel / Poivre / Thym / 1 clou de girofle / 1 feuille de laurier / 7 feuilles de gélatine.

Désosser les cuisses de lapin ou les avants, les tailler en dés, les assaisonner de sel, de poivre et de thym. Chemiser une terrine avec la barde, ajouter les chairs de lapin, arroser d'alcool de prune et de vin blanc, ajouter le laurier, la girofle et recouvrir de la barde de lard. Mettre au four, th. 6, au bain-marie pendant 3 heures en surveillant l'eau du bain-marie.

Mettre les feuilles de gélatine à tremper dans de l'eau froide pour les ramollir.

Sortir la terrine du four en fin de cuisson, retirer la barde qui aura fondu en partie, retirer les morceaux de lapin et les mettre dans une terrine propre. Mesurer le bouillon de cuisson restant (il doit rester un demi-litre), le filtrer et ajouter les feuilles de gélatine égouttées. Mélanger. Verser sur les morceaux de lapin. Laisser prendre au frais pendant une nuit.

Démouler pour servir et tailler en tranches. Accompagner de salade verte.

Marinade de râble de lapin

Prép. : 30 mn. Cuiss. : 10 mn.

Marinade : 2 h. 4 pers.

2 râbles de lapin / 5 cl. d'huile d'olive / 1/2 jus de citron / Sel / Poivre / Huile de friture / 1 œuf / 1 paquet de chapelure.

Désosser les râbles, parer les filets, tailler des cubes de 1 cm., les assaisonner, les mettre à mariner dans l'huile et le citron pendant 2 heures en les retournant souvent.

Egoutter les morceaux de viande, les passer dans l'œuf puis dans la chapelure. Les passer à la friteuse chaude.

Les égoutter sur un papier absorbant, les dresser sur un plat garni d'un papier dentelle. Servir, si l'on veut, avec une sauce béarnaise (p. 90).

Pâté de foie de lapin

XO

Prép. : 35 mn. Cuiss. : 1 h.

Repos : 24 h. 10 pers.

450 g. de foies de lapin / 250 g. de lard fumé / Sel / Poivre / 1 pincée d'épices à pâté (recette p. 93) / 5 cl. de cognac / 2 œufs / 1/4 l. de lait / 30 g. de beurre.

Hacher le foie avec le lard, le tout très fin, ajouter les œufs, le cognac, l'assaisonnement, le lait.

Verser la préparation dans une terrine beurrée pouvant aller au four.

Enfourner à four chaud au bain-marie pendant 1 heure. Vérifier la cuisson à l'aide d'une aiguille.

Laisser refroidir avec un poids posé sur la terrine pour la tasser.

Démouler après un jour de repos et tailler en tranches. Accompagner de toasts chauds.

Rillettes de lapin

XXO

Prép. : 20 mn. Cuiss. : 3 h.

8 pers.

800 g. de lapin / 300 g. de petit salé / 1 l. de vin blanc sec / Sel / Poivre / Thym ou serpolet / 5 cl. d'huile.

Dorer les morceaux de lapin à l'huile dans une cocotte, retirer la graisse, ajouter 75 cl. de vin, le petit salé en cubes, assaisonner, couvrir la cocotte et enfourner à four doux, th. 5. Cuire 2 heures.

Désosser le lapin et remettre les chairs dans la cocotte avec le reste de vin pour 1 heure. Effilocher la viande à l'aide d'une fourchette et verser la préparation dans une terrine. Mettre au frais.

Servir accompagné de toasts chauds et de beurre.

Pâté de lapin en croûte

Prép. : 40 mn. Cuiss. : 1 h.

Marinade : 12 h. 10 pers.

1 pâte à pâté (recette p. 93) / 200 g. de collet de porc / 200 g. de noix de veau / 150 g. de lard gras / 600 g. de chair de lapin / 1 œuf / 1 dl. de crème / Sel / Poivre / Marinade pour lapin (recette p. 92) / 5 cl. de cognac / Epices à pâté (recette p. 93) / 1 jaune d'œuf / 1,5 dl. de gelée.

Tailler le porc et le veau en morceaux, la chair de lapin en lanières et les mettre à mariner une nuit en ajoutant le cognac à la préparation de base.

Egoutter la viande de porc et de veau et la hacher deux fois, hacher le lard une fois, ajouter l'œuf, travailler ensemble, ajouter la crème, l'assaisonnement et les lanières de chair de lapin. Mélanger le tout.

Abaisser la pâte dans le moule, remplir de farce, poser un couvercle, dorer le dessus avec un jaune d'œuf, pratiquer une cheminée sur le dessus, dessiner quelques motifs à l'aide d'une fourchette et enfourner à four chaud, th. 8 au départ puis th. 6 pour la suite.

Refroidir dans le moule puis verser la gelée semi-liquide par l'ouverture. Remettre au frais pour faire prendre la gelée. Tailler en tranches.

Quenelles de lapin

XX O

Prép. : 35 mn. Cuiss. : 40 mn.

4 pers.

550 g. de chair de lapin / Sel / Poivre / Muscade / 1 blanc d'œuf / 1,5 dl. de crème / 1 oignon / 1 gousse d'ail / 500 g. de tomates pelées épépinées et concassées / Thym / 3 cl. d'huile d'olive / 2 dl. de crème / 1 cuil. à soupe de persil haché / 1/2 l. de bouillon.

Mixer la chair du lapin avec le blanc d'œuf et la crème (1,5 dl.). Former des quenelles à l'aide de deux cuillères, les pocher dans le bouillon et les réserver au chaud.

Faire revenir l'oignon haché dans l'huile puis ajouter la concassée de tomates, l'assaisonnement, l'ail haché. Cuire pendant 20 minutes, ajouter la crème, laisser encore 10 minutes à petit feu. Rectifier l'assaisonnement.

Poser un peu de sauce dans le fond des assiettes, poser les quenelles par dessus, saupoudrer de persil haché, servir aussitôt.

Salade de foie de lapin

Prép. : 10 mn. Cuiss. : 3 mn.

2 pers.

2 foies de lapin / 100 g. de poitrine fumée en lardons / 2 poignées de salades mélangées / 2 œufs / 8 cl. de vinaigrette (p. 91) / 2,5 cl. d'huile d'olive / Sel / Poivre / 1 cuil. à soupe rase de ciboulette hachée / 3/4 l. d'eau + 5 cl. de vinaigre / 5 cl. de vinaigre de framboise / 2 champignons de Paris / 1 petit oignon.

Mettre dans un saladier l'oignon haché, les champignons émincés, la salade lavée et séchée, assaisonner, mélanger et disposer sur deux assiettes.

Couper les foies en petits morceaux, les assaisonner. Faire sauter les foies et les lardons dans l'huile très chaude environ 3 minutes pour les garder rosés, ajouter le vinaigre de framboise et retirer du feu.

Chauffer l'eau et le vinaigre dans une casserole. A ébullition, y pocher les œufs 4 à 5 minutes. Les poser sur la salade, entourer avec les foies et les lardons, ajouter le vinaigre de cuisson des foies, saupoudrer de ciboulette hachée et servir aussitôt.

Salade tiède au foie de lapin

Prép. : 10 mn. Cuiss. : 5 mn.

4 pers.

2 poignées de salade mélangée / Vinaigrette (p. 91) / 100 g. de champignons de Paris / Sel / Poivre / 2 foies de lapin / 3 cl. d'huile d'olive / 1/2 fenouil émincé / 1 tomate / Quelques feuilles de basilic / 80 g. de poitrine fumée en lardons / 3 cl. de vinaigre de xérès.

Dresser la salade et le fenouil émincé.

Laver et émincer les champignons.

Faire revenir à l'huile bien chaude les foies émincés, les lardons et les champignons. Assaisonner, ajouter le vinaigre à la fin. A ébullition, verser chaud sur la salade, saupoudrer de basilic haché et servir aussitôt.

Salade au lapin confit

Prép. : 35 mn. Cuiss. : 2 h.

6 pers.

1 lapin / 3 oignons émincés / 100 g. de lardons / 1/2 l. d'eau / 1 feuille de laurier / Branche de thym / Sel / Poivre / 5 cl. d'huile d'olive / 2 poignées de mesclun / Vinaigrette à l'huile d'olive (p. 91) / 12 tomates cocktail / 1 branche de basilic / 1 fenouil / 30 g. de pignons.

Tailler le lapin en morceaux, les assaisonner et les faire dorer à l'huile. Les réserver. Faire revenir les oignons et les lardons.

Mettre la viande, les oignons, les lardons, le thym et le laurier dans une cocotte en terre cuite. Ajouter 1/2 l. d'eau. Mettre au four au bain-marie 2 heures th. 6.

Retirer le lapin, enlever les os et remettre toute la viande dans le jus de cuisson.

Laver le mesclun, ajouter le fenouil émincé et le basilic haché. Assaisonner avec la vinaigrette. Dresser un peu de salade dans chaque assiette, ajouter la chair de lapin chaude, entourer de tomates cocktail, saupoudrer de pignons de pin et servir aussitôt.

Salade de lapin aux cuisses de grenouilles

Prép. : 50 mn. Cuiss. : 10 mn.

4 pers.

1 râble de lapin / 500 g. de cuisses de grenouilles / 2 petites poignées de mesclun / Vinaigrette (p. 91) / Huile-beurre de cuisson / Sel / Poivre / Thym / 2 tomates / 1 cuil. à soupe de persil haché.

Désosser le râble, parer les filets, les émincer en fines lamelles, les assaisonner.

Désosser les cuisses de grenouilles (retirer les chairs à l'aide d'un petit couteau). Assaisonner.

Dresser la salade assaisonnée sur assiettes individuelles, entourer de quartiers de tomates.

Faire sauter l'émincé de râble et les cuisses dans le mélange huile-beurre très chaud. Répartir le mélange chaud sur la salade et servir aussitôt, saupoudré de persil haché.

Salade d'émincé de râble de lapin

Prép. : 20 mn. Cuiss. : 5 mn.

4 pers.

2 râbles de lapin / 100 g. de champignons de Paris frais / 1 poignée de cerneaux de noix / 100 g. de poitrine fumée en lardons / 1 tomate / 1 oignon / Huile-beurre de cuisson / 2 poignées de salade composée (mesclun ou autre) / Vinaigrette (p. 91) / 5 cl. de vinaigre de xérès / 1 cuil. à soupe de persil haché / Quelques feuilles de basilic émincées / Sel / Poivre du moulin.

Laver et émincer les champignons de Paris.

Laver la salade, l'assaisonner avec la vinaigrette, poser un lit de salade par assiette.

Désosser les râbles pour en retirer les filets, les parer, les émincer finement en lamelles, les assaisonner. Ajouter les lardons, les noix, les champignons, l'oignon émincé, et faire sauter le tout avec le mélange huile-beurre pendant 5 minutes. Ajouter le persil haché, déglacer avec le vinaigre, cuire 1 minute puis en déposer un peu sur la salade. Saupoudrer de basilic. Décorer de quartiers de tomate. Servir aussitôt.

Salade de lapin au ris de veau

Prép. : 25 mn. Cuiss. : 10 mn.

4 pers.

2 poignées de salade mélangée / 1 avocat mûr / 1 râble de lapin / 1 noix de ris de veau / Vinaigrette (p. 91) / 1 tomate / 1 cuil. à soupe de pistaches / 5 cl. d'huile + 30 g. de beurre / 8 rognons de lapin / Sel / Poivre.

Laver la salade, l'égoutter, y ajouter l'avocat émincé. Assaisonner de vinaigrette, disposer un peu de salade sur chaque assiette.

Couper les rognons en deux. Les assaisonner.

Blanchir les ris de veau 15 minutes, les rafraîchir, les parer et les tailler en dés de 1 cm. Désosser le râble, parer les filets, les tailler en dés, les assaisonner.

Chauffer l'huile et le beurre, ajouter les dés de râble, les dorer. Réserver. Dorer les rognons en les tenant rosés, puis les dés de ris de veau. Mélanger les viandes et les disposer sur la salade. Entourer de quartiers de tomate, saupoudrer de pistaches émondées et hachées.

Samosas de lapin

✕✕ O

Prép. : 8 mn. Cuiss. : 40 mn.

6 pers.

300 g. de chair de lapin / 2 oignons / 2 gousses d'ail / 180 g. de riz cuit / 1 cuil. à soupe de sauce soja / 1 piment haché / 1 cuil. à soupe de persil et ciboulette hachés / Sel / 1 paquet de galettes de maïs pour rouleaux de printemps / 30 g. de beurre / Huile de friture.

Hacher la chair de lapin.

Faire revenir les oignons hachés dans le beurre. L'ajouter à la farce précédente, avec le riz cuit, les herbes, l'assaisonnement (attention au piment), la sauce soja et l'ail haché.

Poser les galettes de maïs entre deux torchons mouillés pour les ramollir.

Déposer un peu de farce au centre de chaque galette, les fermer en leur donnant la forme d'un triangle. Les mettre 1 heure au frais.

Plonger les samosas dans la friture bien chaude .

Réserver sur un papier absorbant puis les dresser sur un plat.

Tourte de lapin au chou

Prép. : 40 mn. Cuiss. : 1 h.
Marinade : 12 h. 8 pers.

400 g. de chair de lapin (2 cuisses) / 1,5 dl. de lait / 100 g. de mie de pain / 2 oignons hachés / 30 g. de beurre / 1 cuil. à soupe de persil haché / 200 g. de lard fumé / 1 œuf / 1 marinade (recette p. 92) / 350 g. de pâte brisée / 200 g. de chou vert / 50 g. de saindoux / 1/4 l. d'eau ou de bouillon / Sel / Poivre / Muscade / Cumin / 1 jaune d'œuf.

Tailler la chair de lapin en gros cubes et la mettre à mariner une nuit.

Mettre la mie de pain à tremper dans le lait puis l'exprimer et l'ajouter à la viande égoutée et hachée. Faire revenir un oignon haché dans une noix de beurre et l'ajouter à la farce. Ajouter le persil haché, l'œuf, 5 cl. de marinade et 120 g. de lard fumé haché.

Assaisonner.

Emincer le chou en lanières. Tailler des lardons dans le lard fumé restant. Faire revenir l'oignon et le lard dans le saindoux puis ajouter le chou. Le cuire 5 minutes à petit feu pour le faire fondre puis ajouter l'eau ou le bouillon, assaisonner de sel, de poivre et de cumin. Laisser mijoter 15 minutes. Laisser refroidir.

Abaisser la pâte, garnir le cercle à tarte, répartir une couche de chou, étaler toute la farce, terminer par une couche de chou. Etaler le reste de pâte pour former un couvercle. Dorer avec le jaune d'œuf et enfourner à four chaud, th. 8 au départ, puis baisser à th. 6.

Servir chaud.

Hure de lapin

Prép. : 30 mn. Cuiss. : 3 h.

Repos : 12 h. 10 pers.

2 kg. de lapin (on peut pour cette recette utiliser uniquement des avants de lapin) / 1/2 l. de bouillon / 1/2 l. de vin blanc sec / Sel / Poivre / Thym / 2 feuilles de laurier / 1 clou de girofle / 3 baies de genièvre / 1 pied de veau fendu en deux dans la longueur / 1 branche de persil / 1/2 zeste de citron / 1 gousse d'ail / 1 pincée de cumin / 5 cl. d'huile.

Dorer les morceaux de lapin dans l'huile chaude pour les colorer puis jeter la graisse, ajouter le vin, réduire d'un quart à feu vif puis ajouter le bouillon, l'assaisonnement et le pied de veau, les aromates, couvrir la cocotte et mettre à cuire au four, th. 6, pendant 3 heures.

Jeter les os du lapin et du pied de veau, réunir la viande, ajouter le reste de bouillon de cuisson du lapin (il doit en rester un demi-litre). Verser le tout dans une terrine et mettre au frais une nuit.

Démouler le lendemain, tailler en tranches. Accompagner de salades ou de crudités.

Terrine bis-cuite de lapin

Prép. : 1 h. Cuiss. : 2 h + 1 h.

Marinade : 12 h. - Repos : 24 h. 10 pers.

1 barde de lard / 2 foies de lapin / 1 lapin / 1/2 l. de vin blanc / 1 l. de bouillon / 2 feuilles de laurier / 1 clou de girofle / 5 baies de genièvre / 1 carotte / 1 oignon / 1 branche de persil et de thym / Sel / Poivre / 400 g. de chair de lapin (2 cuisses) / 200 g. de lard gras / 250 g. de noix de veau / 2 cuil. à soupe de pistaches / 2 œufs / 5 cl. de crème / 1 pied de veau / Epices à pâté (recette p. 93).
Marinade : *recette p. 92 avec 2 dl. de vin.*

Cuire au four, th. 5, à couvert, 1 kg. d'avant de lapin, la garniture aromatique, le vin blanc, le bouillon et le pied de veau pendant 2 heures. Enlever les chairs du lapin et du pied. Réserver.

Mariner pendant une nuit la chair de lapin restante avec la noix de veau taillée en gros dés. Le lendemain, mixer la chair de lapin, le lard gras, le veau, les œufs, la marinade, la crème, l'assaisonnement.

Mélanger la farce crue à la farce cuite froide, ajouter les pistaches, les foies de lapin taillés en dés. Rectifier l'assaisonnement et tapisser une terrine avec la barde, remplir de farce, tasser, recouvrir de la barde et mettre au bain-marie à four th. 6.

Laisser refroidir jusqu'au lendemain avec un poids posé sur le dessus.

Démouler, tailler en tranches.

Terrine de lapin

Prép. : 1 h. Cuiss. : 1 h.

Repos : 24 h. 10 pers.

1 lapin / 150 g. de jambon cuit / 400 g. de lard gras / 1 gousse d'ail / 2 échalotes hachées / 2 œufs / 200 g. de champignons de Paris cuits taillés en dés / bardes de lard / 100 g. de noisettes / Sel / Poivre / 5 cl. de cognac / 1 pincée d'épices à pâté (recette p. 93) / 450 g. de collet de porc / 3 cl. d'huile / Le foie du lapin.

Désosser entièrement le lapin, mettre les filets de côté, peser 350 g. de chair et la passer au mixer avec le collet de porc, le lard gras, le cognac, l'assaisonnement, les œufs. Incorporer à cette farce le jambon et le foie taillés en petits dés, les champignons et les noisettes.

Saisir, à l'huile chaude, les filets du lapin assaisonnés pendant 3 minutes. Les laisser refroidir.

Tapisser une terrine de bardes de lard et monter la terrine en intercalant une couche de farce, les filets posés au milieu, terminer par une couche de farce, recouvrir de bardes et mettre au four, th. 6, au bain-marie. Compter 1 heure de cuisson, vérifier à l'aide d'une aiguille qui doit ressortir chaude.

Après cuisson, laisser refroidir un jour sous presse en posant un poids sur le dessus de la terrine.

Démouler et tailler en tranches.

Terrine de foie de lapin

Prép. : 15 mn. Cuiss. : 5 mn.
Marinade : 12 h. - Repos : 12 h. 8 à 10 pers.

500 g. de foie de lapin / 1 dl. de porto / 350 g. de beurre / Sel / Poivre du moulin / 5 cl. d'huile + 20 g. de beurre / 30 g. de beurre fondu.

Mettre les foies à mariner dans le porto une nuit. Le lendemain, les éponger et les faire sauter dans l'huile et le beurre très chauds pendant 4 à 5 minutes. Les garder rosés, les refroidir puis les passer au mixer. Passer au tamis. Remettre la préparation dans le mixer propre avec le beurre, l'assaisonnement et la marinade.

Débarrasser dans une terrine en grès, recouvrir la surface avec un peu de beurre fondu puis mettre au frais une nuit.

Servir accompagné de toasts grillés chauds et de beurre.

Ne se conserve que quelques jours au réfrigérateur, à consommer rapidement.

Terrine de lapin aux marrons

Prép. : 45 mn. Cuiss. : 2 h.
Marinade : 12 h. - Repos : 12 h. 10 pers.

2 cuisses et 1 râble de lapin / 300 g. de poitrine fraîche de porc / 500 g. d'échine de porc / 1 barde de lard / 50 cl. de gelée / 250 g. de marrons / Sel / Poivre / 4 épices ou épices à pâté (recette p. 93) / 3 cl. d'huile d'olive / 3 cl. de cognac / 1 foie de lapin / 2 œufs / 2 feuilles de laurier.

Désosser le râble, parer les filets et les mariner avec le foie dans l'huile et le cognac pendant une nuit.

Désosser les cuisses.

Hacher l'échine, la poitrine, les cuisses, ajouter les œufs, l'assaisonnement, la marinade des filets.

Tailler les filets en lanières, les ajouter à la farce avec le foie taillé en dés et les marrons cuits.

Tapisser une terrine avec la barde de lard, remplir de farce, ajouter la gelée, couvrir la terrine et mettre au bain-marie au four, th. 6.

Laisser refroidir avec un poids posé sur la terrine pendant la nuit.

Démouler, tailler en tranches, accompagner de gelée.

Terrine de lapin aux pruneaux

✕✕ ○

Prép. : 40 mn. Cuiss. : 80 mn.
Marinade : 12 h. 10 pers.

500 g. d'échine de porc / 200 g. de lard gras / 350 g. de chair de lapin (avant) / 400 g. de chair de lapin (arrière) / Marinade de lapin (recette p. 92) / 5 cl. de crème / 2 œufs / Sel / Poivre / Epices à pâté (recette p. 93) / 250 g. de pruneaux / 1 barde de lard.

Tailler l'échine en gros dés, les mettre à mariner avec la chair de l'avant du lapin pendant une nuit.

Le lendemain, hacher l'échine, le lard et la chair de lapin, ajouter les œufs, la crème et 1 dl. de marinade. Assaisonner.

Chemiser une terrine avec la barde, déposer une couche de farce, poser dessus quelques lanières de chair de l'arrière de lapin, disposer tout le long une rangée de pruneaux, recouvrir d'une couche de farce puis recommencer une nouvelle fois l'opération en terminant par une couche de farce. Cuire à four chaud, th. 8, au bain-marie. Vérifier la cuisson à l'aide d'une aiguille. Laisser refroidir en la tassant à l'aide d'un poids posé dessus. Pour servir, démouler, tailler en tranches.

Terrine de lapin des gourmets

Prép. : 35 mn. Cuiss. : 1 h.
Repos : 12 h. 10 pers.

450 g. de chair de lapin (2 cuisses fournissent cette quantité) / 180 g. de noix de veau / 120 g. de lard fumé / 10 cl. de cointreau / 4 pruneaux / 1/2 carotte / 2 feuilles de laurier / 1 clou de girofle / 1/2 oignon / Sel / Poivre / 4 épices ou épices à pâté (recette p. 93) / 6 baies de genièvre / 2 œufs / 5 cl. de lait / 60 g. de mie de pain / 1 barde de lard / 5 cl. de vin blanc sec / 1 cuil. à soupe de persil haché.

Mariner la chair de lapin taillée en petits dés avec la garniture aromatique et le cointreau.

Passer le lard, la noix de veau, les pruneaux au mixer puis ajouter 2 œufs, l'oignon haché de la marinade, les cuisses, le vin blanc, la mie de pain trempée dans le lait puis égouttée, la demi-carotte de la marinade taillée en petits dés. Mélanger la farce avec les dés de lapin.

Tapisser une terrine de barde de lard, remplir de farce, mettre au bain-marie au four et cuire jusqu'à terme. La refroidir une nuit au réfrigérateur avec un poids posé dessus.

Démouler, tailler en tranches, servir avec de la gelée ou une sauce Cumberland (p. 91).

Terrine chaude de lapin aux asperges

✕✕ ○

Prép. : 40 mn. Cuiss. : 40 mn.

6 pers.

550 g. de chair de lapin / 1,5 dl. de crème / 1 blanc d'œuf / Sel / Poivre / Muscade / 200 g. de pointes d'asperges cuites / 50 g. de beurre.

Mixer la chair de lapin en ajoutant le blanc d'œuf puis la crème et l'assaisonnement. Passer cette farce au tamis.

Beurrer largement une terrine, la remplir de farce à moitié de la hauteur puis poser les pointes d'asperges au milieu, terminer par une couche de farce. Mettre à cuire au four au bain-marie. Vérifier la cuisson à l'aide d'une aiguille, qui doit ressortir chaude. Servir dans la terrine.

Servir à part quelques asperges.

Brochettes d'abats de lapin

Prép. : 15 mn. Cuiss. : 15 mn.

4 pers.

8 foies de lapin / 200 g. de lard fumé / 12 cœurs de lapin / 12 rognons de lapin / 1 poivron / 2 tomates / 8 champignons de Paris / 2 oignons / Sel / Poivre / Thym / 5 cl. d'huile / 1 bouquet de persil.

Tailler les foies en gros dés de même grandeur que les rognons et cœurs. Tailler les tomates en deux. Tailler des dés de poivron. Laver et nettoyer les champignons. Tailler des cubes dans le lard de même grandeur que les viandes. Eplucher les oignons, les tailler en quartiers.

Enfiler abats et légumes en intercalant. Les assaisonner, les passer dans l'huile ; les griller sur un grill, au barbecue ou les poêler simplement.

Dresser sur plat, décorer de brins de persil et servir accompagné de pommes de terre cuites dans la braise ou au four et de fromage blanc nature.

Emincé minute de foie de lapin

Prép. : 15 mn. Cuiss. : 10 mn.

6 pers.

650 g. de foies de lapin / 100 g. de poitrine fumée en lardons / Sel / Poivre / Thym / 1 oignon / 3 cl. d'huile / 30 g. de beurre / 5 cl. de vinaigre de xérès / 350 g. de tomates pelées épépinées et concassées / 1 dl. de bouillon / 1 pincée de gingembre / 1 pincée de cannelle / 1 pincée de cumin / 1 cuil. à soupe de persil haché.

Emincer les foies de lapin en lamelles, les assaisonner de sel, poivre, thym, gingembre, cannelle et cumin.

Chauffer l'huile fortement dans un sautoir épais et y faire sauter le foie avec les lardons et l'oignon haché. Lorsque celui-ci est cuit, ajouter la tomate, le bouillon, le persil haché, donner un bouillon et dresser, dans un plat ou sur assiette individuelle, accompagné de riz.

Mixed-grill de lapin

Prép. : 15 mn. Cuiss. : 15 mn.

4 pers.

4 foies de lapin / 8 rognons de lapin / 8 cœurs / 8 tranches de lard fumé / 8 chipolatas / 2 râbles de lapin / Sel / Poivre / Thym / 1 branche de persil / 5 cl. d'huile.

Désosser les râbles, retirer les filets, les parer, les couper en deux, les aplatir et les assaisonner (on peut aussi tailler les râbles en quatre sans les désosser, dans ce cas, la cuisson sera un peu plus longue).

Mettre dans un plat les filets, les foies coupés en deux, les chipolatas, le lard, les cœurs, les rognons, les assaisonner, les arroser d'huile et les poser sur un grill chaud. Retourner les viandes à mi-cuisson. Les disposer sur plat, décorer de brins de persil et servir.

En accompagnement, une grande galette de pommes de terre sur laquelle on pourra poser les viandes en fin de cuisson, le jus de ces viandes imprégnera les pommes de terre.

Toutes ces recettes ont été faites avec des lapins fermiers de 1,600 à 1,800 kg. et pour 6 personnes.

Le liquide de cuisson (75 cl. sauf annotation) recouvre les morceaux de lapin à hauteur. La cuisson se fait à très petit feu à partir de l'ébullition.

Blanquette de lapin

Prép. : 25 mn. Cuiss. : 1 h.

6 pers.

1 lapin / 1 oignon / 1 carotte / 1 branche de persil et de céleri / 2 feuilles de laurier / 1 clou de girofle / 10 grains de poivre / 60 g. de beurre manié / 1/4 l. de crème / Sel / Poivre / 200 g. de champignons de Paris / 100 g. de petits oignons grelots / 50 g. de beurre / 1/2 jus de citron / 1 pincée de sucre.

Tailler le lapin en morceaux, les mettre dans une casserole avec la garniture aromatique, couvrir d'eau et cuire à petit feu.

En fin de cuisson, retirer la garniture, filtrer le jus. En mesurer 3/4 litre, y ajouter la crème. Porter à ébullition, ajouter le beurre manié pour lier et vérifier l'assaisonnement.

Cuire les petits oignons épluchés couverts d'eau à hauteur avec 25 g. de beurre, le sel et le sucre. Couvrir d'un papier aluminium et d'un couvercle.

Cuire les champignons de Paris dans un peu de beurre avec un filet de jus de citron.

Ajouter les oignons, les champignons et le jus de citron dans la sauce.

Dresser le lapin dans un plat, napper de sauce et servir aussitôt, accompagné de riz.

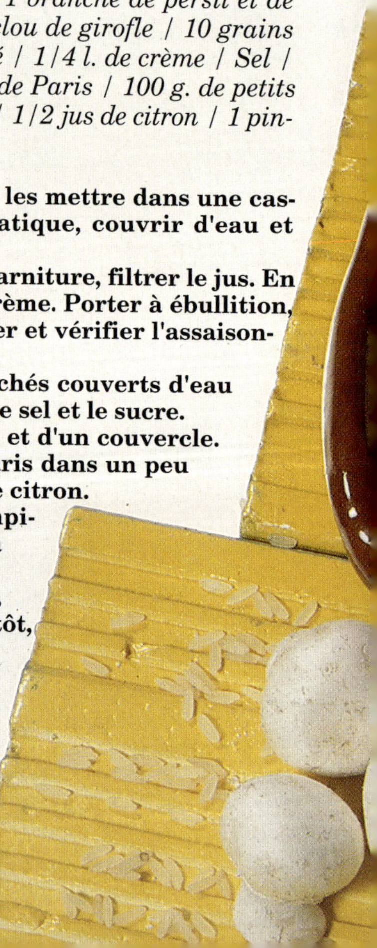

Fricassée de lapin au citron

Prép. : 15 mn. Cuiss. : 1 h.

Marinade : 3 h. 6 pers.

1 lapin / 8 jus de citron / 2 citrons / 1 dl. d'huile d'olive / Sel / Poivre / Marjolaine / 1 cuil. à café de persil haché.

Tailler le lapin en morceaux. Les mettre à mariner dans le jus des citrons pendant 3 heures. Les égoutter, les éponger, les assaisonner, les poser dans un plat allant au four, les arroser d'huile d'olive, enfourner, th. 7, pendant 1 heure en arrosant souvent pendant la cuisson avec le jus de citron.

En fin de cuisson, retirer les morceaux de lapin, les dresser dans un plat de service, arroser avec le jus de cuisson restant, saupoudrer le dessus de persil haché et servir avec des pommes de terre rôties au four en même temps que le lapin.

Haricot de lapin

Prép. : 25 mn. Cuiss. : 2 h.

Trempage : 1 nuit 6 pers.

500 g. de haricots blancs secs / 1 lapin / 5 cl. d'huile / 2 cuil. à soupe de concentré de tomate / 1 gros oignon / 150 g. de lardons de poitrine fumée / 50 g. de farine / 3/4 l. de bouillon / Sel / Poivre / 2 feuilles de laurier / 1 clou de girofle / 1 branche de thym / 1 branche de persil / 1 cuil. à soupe de persil haché.

La veille de la préparation, mettre les haricots à tremper dans de l'eau.

Le lendemain, les égoutter, les mettre dans une casserole à l'eau froide, porter à ébullition puis les rafraîchir.

Dorer les morceaux de lapin à l'huile très chaude, ajouter l'oignon émincé et les lardons, cuire 5 minutes puis ajouter le concentré de tomate. Remuer, saupoudrer de farine, cuire 1 minute puis ajouter le bouillon, l'assaisonnement, la garniture aromatique et les haricots blancs. Couvrir et cuire à petit feu.

En fin de cuisson du lapin (1 heure), le retirer et poursuivre la cuisson des haricots à terme (compter encore 1 heure). Remettre le lapin avec les haricots le temps de le chauffer. Dresser dans un plat à gratin, saupoudrer de persil haché et servir aussitôt.

Lapin à la crème d'ail

Prép. : 25 mn. Cuiss. : 1 h.

Repos : 1 nuit 6 pers.

1 lapin / 1 barde de lard / Sel / Poivre / Thym en poudre / 6 gousses d'ail rose / 10 gousses d'ail / 5 cl. d'huile / 2 dl. de crème / 3 jaunes d'œufs.

Piler les 6 gousses d'ail avec une pincée de gros sel et de poivre. Enduire le lapin de cette préparation, le mettre une nuit au frais.

Assaisonner le lapin, le barder, le ficeler, le mettre dans un plat à rôtir et l'enfourner, th. 7. Arroser souvent pendant la cuisson.

Blanchir les 10 gousses d'ail 10 minutes à l'eau. Les mixer, ajouter la crème et les jaunes d'œufs. Fouetter à feu doux au bain-marie jusqu'à ce que la préparation épaississe (comme un sabayon). Eviter l'ébullition.

En fin de cuisson du lapin, le retirer, le découper, mettre les morceaux dans un plat. Napper de sauce. Décorer d'un brin de persil. Servir aussitôt.

Lapin à la hongroise

Prép. : 20 mn. Cuiss. : 1 h.

6 pers.

1 lapin / 600 g. d'oignons / 2 cuil. à soupe de paprika / 1 cuil. à soupe de cumin / 1 cuil. à soupe de concentré de tomate / Sel / Poivre / 75 cl. de vin blanc / 5 cl. d'huile / 120 g. de poitrine fumée en lardons / 800 g. de petites pommes de terre / 1 cuil. à soupe de persil haché.

Dorer les morceaux de lapin sur toutes les faces puis les retirer de la cocotte, mettre les oignons émincés et les lardons à la place. Les faire revenir quelques minutes, remettre les morceaux de lapin, ajouter la tomate concentrée, le sel, le poivre, le cumin, le paprika, mélanger l'ensemble puis ajouter le vin blanc. Couvrir la cocotte et cuire 30 minutes. Ajouter les pommes de terre et poursuivre la cuisson 30 minutes.

En fin de cuisson, dresser en plat creux, saupoudrer de persil haché et servir.

On peut remplacer le vin par du bouillon.

Lapin à la flamande

Prép. : 25 mn. Cuiss. : 1 h.

6 pers.

1 lapin / 3 gros oignons / 100 g. de poitrine fumée en lardons / 5 cl. d'huile / 2 cuil. à soupe de concentré de tomate / 2 cuil. à soupe rases de farine / 3/4 l. de bière blonde / Sel / Poivre / Thym / 1 cuil. à soupe rase de cannelle.

Dorer les morceaux de lapin à l'huile chaude, les retirer, ajouter les oignons émincés et les lardons pour les faire revenir. Remettre les morceaux de lapin, assaisonner de sel, de poivre, de thym et de cannelle. Ajouter la tomate, mélanger, ajouter ensuite la farine, mélanger l'ensemble, ajouter la bière, couvrir la cocotte et cuire jusqu'à terme.

Pour servir, verser dans un plat et accompagner de nouilles.

Lapin à la crème d'avocat

Prép. : 25 mn. Cuiss. : 1 h.

6 pers.

1 lapin / 3 avocats (500 g.) / le jus de 2 citrons / 1/2 l. de crème / 75 cl. de vin blanc sec / 1 cuil. à soupe de ciboulette / 5 cl. d'huile / 1 carotte / 1 oignon / 1 branche de thym / 1 clou de girofle / 5 baies de genièvre / 2 feuilles de laurier / Sel / Poivre / Thym.

Dorer les morceaux de lapin à l'huile chaude, jeter la graisse, ajouter le vin blanc, la garniture aromatique, l'assaisonnement, couvrir et cuire à petit feu.

Mixer les avocats avec le jus des citrons, ajouter la crème et verser ce mélange dans la sauce restante du lapin en fin de cuisson, après avoir retiré la garniture aromatique. Cuire 5 minutes, rectifier l'assaisonnement et dresser dans un plat. Saupoudrer de ciboulette hachée et servir aussitôt.

Lapin à la paysanne

Prép. : 20 mn. Cuiss. : 1 h.

6 pers.

1 lapin / 5 cl. d'huile / Sel / Poivre / Thym ou serpolet / 75 cl. de vin blanc / 1 cuil. à soupe de concentré de tomate / 50 g. de farine / 150 g. de poitrine fumée en lardons / 250 g. de carottes / 2 courgettes / 100 g. de petits oignons / 150 g. de champignons de Paris / 1 cuil. à soupe de persil haché / 2 feuilles de laurier / 1 clou de girofle / 1 branche de thym / 5 baies de genièvre / 100 g. de beurre / le jus d' 1/2 citron / 1 pincée de sucre.

Tailler les carottes épluchées en bâtonnets, les cuire à l'eau bouillante salée en les gardant croquants.

Tailler les courgettes non épluchées en bâtonnets de même grandeur et les cuire de la même façon.

Cuire les petits oignons à couvert avec un peu d'eau, une pincée de sucre, de sel et 50 g. de beurre.

Couper les champignons lavés en quartiers. Les cuire à découvert avec 5 cl. d'eau salée, le jus d'un demi citron et 30 g. de beurre.

Faire rissoler les lardons avec le beurre restant. Ajouter tous les légumes égouttés, assaisonner et les faire sauter 1 minute. Les réserver.

Dorer les morceaux de lapin à l'huile chaude dans une cocotte, ajouter la tomate concentrée, mélanger, ajouter la farine, mélanger et assaisonner. Ajouter la garniture aromatique et le vin blanc, couvrir et cuire.

En fin de cuisson, ajouter tous les légumes, donner un bouillon et servir aussitôt, saupoudré de persil haché.

Lapin à la moutarde

Prép. : 15 mn. Cuiss. : 40 mn.

6 pers.

1 lapin / 50 cl. de vin blanc / 1 l. de crème / 2 cuil. à soupe de moutarde / 1 feuille de laurier / 3 baies de genièvre / 1 branche de thym / 1 pincée de romarin / Sel / Poivre / 5 cl. d'huile.

Tailler le lapin en morceaux et les faire dorer à l'huile chaude. Jeter la graisse de cuisson et ajouter le vin blanc, la garniture aromatique, couvrir et laisser cuire à petit feu.

Après 25 minutes de cuisson, ajouter la crème et la moutarde puis poursuivre la cuisson jusqu'à terme. En fin de cuisson, rectifier l'assaisonnement et retirer la garniture aromatique. Dresser dans un plat de service, servir aussitôt avec des nouilles.

Lapin à l'estragon

Prép. : 25 mn. Cuiss. : 1 h.

6 pers.

1 lapin / 75 cl. de vin blanc / 1 oignon / 1 carotte / 2 feuilles de laurier / 1 clou de girofle / 1 branche de persil et de thym / 4 baies de genièvre / 1/4 l. de crème / 1 cuil. à soupe d'estragon sec ou l'équivalent en frais / 3 jaunes d'œufs / 250 g. de beurre / 5 cl. de vinaigre / 1 échalote hachée / Sel / Poivre / Serpolet / 1 cuil. à café de persil haché / 5 cl. d'huile.

Dorer les morceaux de lapin à l'huile très chaude. Les assaisonner. Jeter l'huile de cuisson, déglacer au vin blanc, ajouter la garniture aromatique, couvrir la cocotte et cuire à petit feu. A mi-cuisson, ajouter la crème et l'estragon. Poursuivre la cuisson à terme.

En fin de cuisson, réserver les morceaux de lapin et mélanger à la sauce béarnaise préparée ainsi : fouetter les jaunes d'œufs mélangés à la réduction de vinaigre et d'échalote hachée. Travailler au bain-marie sur feu doux pour éviter l'ébullition. Lorsque le mélange est mousseux, ajouter le beurre fondu peu à peu, hors du feu, comme on le ferait pour une mayonnaise. Assaisonner. Ajouter le persil et l'estragon hachés.

Lapin à la provençale

Prép. : 15 mn. Cuiss. : 1 h.

6 pers.

1 lapin / 1 l. de sauce tomate (p. 91) / 1 feuille de laurier / 1 clou de girofle / 150 g. d'olives noires / 1 cuil. à soupe de persil haché / 1 pincée de sauge hachée / 1 branche de thym / 1 feuille de céleri / Sel / Poivre / 5 cl. d'huile d'olive.

Tailler le lapin en morceaux et les dorer dans l'huile chaude. Jeter la graisse de cuisson, ajouter la sauce tomate, le laurier, la branche de thym, le clou de girofle, la feuille de céleri. Cuire à couvert à petit feu pendant 1 heure. Dresser dans un plat, saupoudrer de persil et de sauge hachés. Décorer avec les olives noires et servir aussitôt.

On peut ajouter en fin de cuisson un trait d'alcool anisé (Pastis, Pernot 2,5 cl.)

Lapin à la sauce aux noix ✗✗ ○

Prép. : 20 mn. Cuiss. : 1 h.

6 pers.

1 lapin / 5 cl. d'huile / 3 échalotes hachées / 10 g. de beurre / 10 g. de farine / 1/2 l. de fond brun de lapin (p. 92) ou de bouillon / 1 cl. de vinaigre / 100 g. de noix hachées / Le jus d'une demi-orange / 12 cerneaux de noix / Sel / Poivre / Safran / Cannelle / 1 dl. de crème / 20 g. de beurre / 1 feuille de laurier / 1 clou de girofle / 1 branche de persil et de céleri / 2 dl. de vin blanc sec.

Tailler le lapin en morceaux et les dorer dans une cocotte épaisse. Dégraisser, ajouter le vin blanc, le sel, le poivre, le laurier, le clou de girofle, le persil et le céleri. Couvrir et cuire doucement au four, th. 6.

Préparer un roux blanc avec le beurre et la farine, mouiller avec le fond de lapin, ajouter les échalotes hachées revenues au beurre, les noix hachées, le vinaigre, le jus d'orange, la crème, 1 pincée de safran, 1 pincée de cannelle, et l'assaisonnement. Cuire 10 minutes.

Retirer le lapin cuit du four, (il ne doit plus rester de liquide de cuisson), ajouter la sauce précédente au lapin. Donner un bouillon, dresser le lapin dans un plat, passer la sauce au chinois et en napper le lapin. Décorer de quelques cerneaux de noix.

Lapin au bleu de Bresse

Prép. : 20 mn. Cuiss. : 1 h.

6 pers.

1 lapin / 75 cl. de vin blanc / 1/4 l. de crème / 200 g. de bleu de Bresse / 1 cuil. à soupe de persil haché / 20 g. de beurre manié / Sel / Poivre / Thym / 2 feuilles de laurier / 1 clou de girofle / 5 baies de genièvre / 1 branche de persil et de céleri / 1 carotte / 1 oignon / 5 cl. d'huile.

Dorer les morceaux de lapin à l'huile très chaude sur toutes les faces. Jeter l'huile, ajouter le vin blanc, l'assaisonnement et la garniture aromatique. Couvrir la cocotte et cuire à petit feu jusqu'à terme. Réserver les morceaux de lapin, ajouter la crème, retirer la carotte et l'oignon, le laurier, le céleri, le persil et ajouter le bleu émietté. Fouetter l'ensemble, lier avec une noix de beurre manié (recette p. 93). Rectifier l'assaisonnement, verser la sauce sur la viande dressée dans un plat creux, saupoudrer de persil haché et servir avec des nouilles.

Lapin à l'oseille

Prép. : 20 mn. Cuiss. : 1 h.

6 pers.

1 lapin / 100 g. de purée d'oseille / 1/4 l. de crème / 75 cl. de vin blanc sec / 100 g. de poitrine fumée en lardons / 5 cl. d'huile / 1 oignon / Sel / Poivre / Thym / 1 branche de persil et de céleri / 2 feuilles de laurier / 1 clou de girofle.

Dorer à l'huile très chaude les morceaux de lapin pour les colorer sur toutes les faces. Ajouter l'oignon émincé lorsque les morceaux de lapin sont bien dorés, cuire 2 minutes, ajouter les lardons et cuire encore 2 minutes. Jeter la graisse rendue par la cuisson, ajouter le vin et la garniture aromatique et cuire à petit feu à couvert.

Réserver la viande. Filtrer le jus, ajouter la crème et cuire jusqu'à bonne consistance. Rectifier l'assaisonnement, ajouter l'oseille, donner un bouillon puis napper les morceaux de lapin de sauce.

Si l'on décide d'utiliser de l'oseille fraîche, faire fondre celle-ci avec un morceau de beurre.

Lapin au Bouzy

Prép. : 20 mn. Cuiss. : 1 h.

6 pers.

1 lapin / 1 bouteille de Bouzy / 100 g. de beurre / 5 cl. d'huile / Sel / Poivre / Thym ou serpolet / 2 feuilles de laurier / 1 clou de girofle / 3 baies de genièvre / 1 branche de persil / 1 cuil. à soupe de concentré de tomate / 1 cuil. à soupe de persil haché.

Dorer les morceaux de lapin à l'huile très chaude. Jeter la graisse, ajouter le concentré de tomate, cuire 1 minute puis ajouter le vin et la garniture aromatique. Cuire à couvert, à petit feu, pendant 1 heure.

Filtrer le jus de cuisson, laisser réduire puis ajouter des noisettes de beurre en fouettant. Vérifier l'assaisonnement.

Dresser la viande, napper de sauce, saupoudrer de persil haché et servir aussitôt. Accompagner de nouilles.

Le Bouzy est un vin rouge de Champagne.

Lapin au chou rouge à l'alsacienne

Prép. : 25 mn. Cuiss. : 1 h.
Marinade : 12 h. 6 pers.

1 lapin / 5 cl. d'huile / 120 g. de poitrine fumée / 75 cl. de vin rouge / 2 feuilles de laurier / 1 clou de girofle / 1 oignon / 1 carotte / 1 branche de persil / 5 cl. de vinaigre / 5 baies de genièvre / 10 grains de poivre / 1 petit chou rouge (1,200 kg.) / 250 g. de marrons cuits / Sel / Poivre / Cumin / 1 cuil. à soupe de persil haché.

Mettre le lapin à mariner une nuit dans le vin rouge et le vinaigre avec la garniture aromatique.

Le lendemain, l'égoutter et l'éponger, dorer les morceaux à l'huile très chaude, ajouter les lardons 3 minutes avant la fin.

Emincer le chou en fines lamelles puis le faire fondre dans une cocotte en fonte pendant 10 minutes à petit feu. Assaisonner de sel, de poivre et de cumin. Ajouter la marinade, les morceaux de lapin, couvrir et laisser cuire 45 minutes environ.

En fin de cuisson, retirer la garniture aromatique, ajouter les marrons cuits puis dresser dans un plat creux, saupoudrer de persil haché et servir, accompagné de pommes de terre cuites à la vapeur.

Lapin au fenouil à la provençale

✕○

Prép. : 20 mn. Cuiss. : 1 h.

8 pers.

1 lapin de 2 kg. / 5 cl. d'huile / Sel / Poivre / Thym / 5 cl. de pastis / 1,5 kg. de fenouil / 1/2 l. de bouillon / 40 g. de beurre / 1 cuil. à soupe de concentré de tomate / 30 g. de farine / 1 feuille de laurier / 1 clou de girofle / 4 baies de genièvre / 1 cuil. à soupe de basilic haché.

Dorer les morceaux de lapin à l'huile chaude. Ajouter la tomate concentrée, remuer, saupoudrer de farine, remuer à nouveau puis ajouter le pastis. Flamber. Ajouter le bouillon et l'assaisonnement, le laurier, le clou de girofle et les baies de genièvre.

Tailler le fenouil en deux, retirer la partie dure, couper chaque moitié en deux puis les émincer. Les faire fondre 10 minutes dans le beurre. Les ajouter au lapin, mélanger puis couvrir la cocotte et cuire jusqu'à terme.

Servir aussitôt dans un plat creux saupoudré de basilic haché.

Lapin au safran

Prép. : 20 mn. Cuiss. : 1 h.

6 pers.

1 lapin / 1 dose de safran / Sel / Poivre / Thym ou serpolet / 75 cl. de vin blanc / 1 carotte / 1 oignon / 1 feuille de laurier / 1 clou de girofle / 1 branche de persil et de céleri / 1/4 l. de crème / 5 cl. d'huile.

Dorer les morceaux de lapin dans une cocotte en fonte. Jeter la graisse, ajouter le vin blanc, la garniture aromatique, couvrir et cuire 1 heure à petit feu.

En fin de cuisson, retirer la garniture aromatique, filtrer le jus de cuisson, ajouter la crème et le safran. Faire réduire à la bonne consistance, rectifier l'assaisonnement.

Dresser les morceaux de lapin dans un plat, napper de sauce et servir aussitôt.

Lapin au raifort

Prép. : 20 mn. Cuiss. : 1 h.

6 pers.

1 lapin / 75 cl. de vin blanc sec / 1 oignon / 1 carotte / 1 brin de persil / 1 branche de céleri / 2 feuilles de laurier / 1 clou de girofle / 3 baies de genièvre / 10 grains de poivre / Sel / 1/4 l. de crème / 2 cuil. à soupe de raifort râpé / 5 cl. d'huile.

Dorer à l'huile très chaude les morceaux de lapin. Jeter la graisse de cuisson, ajouter le vin, la garniture aromatique et cuire doucement, 1 heure, à couvert.

En fin de cuisson, retirer la garniture, filtrer le jus de cuisson, ajouter la crème, donner un bouillon, ajouter le raifort et vérifier l'assaisonnement.

Dresser les morceaux de lapin dans un plat, napper de sauce et servir aussitôt.

Lapin au poivre rose

Prép. : 20 mn. Cuiss. : 1 h.

6 pers.

1 lapin / 75 cl. de vin blanc sec / 1 carotte / 1 oignon / 2 feuilles de laurier / 1 clou de girofle / 1 branche de céleri et de persil / 1/4 l. de crème / 2 cuil. à soupe de poivre rose / Sel / Thym / 5 cl. d'huile.

Dorer les morceaux de lapin à l'huile très chaude sur toutes les faces puis jeter la graisse de cuisson. Ajouter le vin blanc, la garniture aromatique, couvrir et cuire 1 heure environ.

En fin de cuisson, retirer la garniture aromatique, ajouter la crème et le poivre rose. Réduire jusqu'à la nappe, rectifier l'assaisonnement.

Napper les morceaux de viande avec la sauce et servir aussitôt.

Lapin aux amandes

XX O

Prép. : 25 mn. Cuiss. : 1 h.

6 pers.

1 lapin / 75 cl. de vin blanc sec / 1 feuille de laurier / 1 clou de girofle / 2 oignons / 100 g. d'amandes concassées / 30 g. de beurre / 1 cuil. à soupe de sucre semoule / 1/4 l. de crème / 2 jaunes d'œufs durs / 1/2 g. de safran en poudre / 5 cl. de crème / Sel / Poivre / Thym / 5 cl. d'huile / 4 baies de genièvre / 1 branche de persil.

Dorer les morceaux de lapin dans l'huile chaude, assaisonner. Retirer la graisse, ajouter vin blanc, laurier, girofle, genièvre, persil et thym. Cuire à couvert à petit feu pendant 1 heure.

Faire revenir les oignons hachés dans le beurre pendant 2 minutes, ajouter les amandes, laisser dorer, ajouter le sucre, cuire une minute puis retirer du feu.

Verser le jus de cuisson du lapin dans la préparation. Ajouter la crème, cuire 5 minutes à feu vif.

Piler les jaunes d'œufs durs avec le safran et les 5 cl. de crème. Passer dans la sauce, donner un bouillon, vérifier l'assaisonnement et verser la sauce sur les morceaux de lapin dressés dans un plat.

Lapin aux pruneaux

Prép. : 20 mn. Cuiss. : 1 h.

Marinade : 12 h. 6 pers.

1 lapin / 75 cl. de vin rouge / 1 carotte / 1 oignon / 1 branche de persil / 5 cl. de vinaigre / 1 clou de girofle / 5 baies de genièvre / 5 cl. d'huile / Sel / Poivre / Thym / Romarin / 250 g. de pruneaux dénoyautés / 1 cuil. à soupe de concentré de tomate / 50 g. de farine / 100 g. de lard fumé / 1 cuil. à soupe de persil haché.

La veille, mettre le lapin à mariner dans le vin rouge avec le vinaigre et la garniture aromatique.

Faire dorer les morceaux épongés à l'huile très chaude, ajouter le lard fumé taillé en lardons, laisser dorer encore 2 minutes. Ajouter la tomate concentrée, saupoudrer de farine, remuer, ajouter la marinade (que l'on aura mis à bouillir à part pour l'écumer) et la garniture aromatique de la marinade. Couvrir, cuire à petit feu à couvert. Après 30 minutes de cuisson, ajouter les pruneaux et finir la cuisson.

Lapin "café de Paris" ✕✕ ○

Prép. : 40 mn. Cuiss. : 1 h.

6 pers.

1 lapin / 75 cl. de vin blanc sec / 1/4 l. de crème / 1 feuille de laurier / 1 clou de girofle / 1 branche de persil / 1 branche de thym / 1 carotte / 1 oignon / 5 cl. d'huile / Sel / Poivre.
Beurre café de Paris : *300 g. de beurre / 1 pincée de thym / 1 pincée de romarin / 1 pincée de sauge / 1 pincée de genièvre en poudre / 1 pincée de marjolaine / 1 pincée de serpolet / 1 cuil. à soupe de ciboulette hachée / 1 cuil. à soupe de persil haché / 1 cuil. à café de curry / 1 cuil. à café de paprika / 1 cuil. à soupe rase de moutarde / 1 pincée d'estragon / 2,5 cl. de madère / 2,5 cl. de cognac / 2,5 cl. d'huile / 1 gousse d'ail / 1 échalote hachée / Quelques gouttes de sauce Worcestershire / 1/2 g. de safran en poudre / Sel / Poivre.*

Préparer le beurre "café de Paris". Battre le beurre en mousse. Il doit être très léger, puis ajouter moutarde, cognac, madère, huile et la sauce Worcestershire. Mélanger tous les autres ingrédients et les moudre finement dans un moulin à café. Passer les épices au tamis, les ajouter au beurre. Saler et poivrer. Réserver 2 cuillères à soupe bombées de ce beurre pour la préparation de la recette, le restant pouvant être utilisé pour une autre recette, par exemple en accompagnement d'un steak ou d'une escalope. On peut aussi le congeler.

Dorer les morceaux de lapin dans une cocotte en fonte épaisse dans l'huile très chaude. Jeter la graisse, ajouter le vin blanc et les aromates, couvrir la cocotte et cuire à terme. Retirer les morceaux de lapin cuits, ajouter la crème dans le jus restant, cuire 2 minutes puis lier avec le beurre "café de Paris" en remuant à l'aide d'un fouet. Vérifier l'assaisonnement. Dresser le lapin dans un plat et napper de sauce.

Pour une grande occasion, une recette d'une finesse incomparable.

Lapin de garenne rôti "vieille France"

Prép. : 15 mn. Cuiss. : 45 mn.

4 pers.

1 lapin de garenne / Sel / Poivre / Thym / 200 g. de tomates émondées et concassées / 1 oignon / 30 g. de beurre / 80 g. de poitrine de porc fumée / 5 cl. d'huile.
Sauce : *3 jaunes d'œufs / 5 cl. de vinaigre de framboise / 250 g. de beurre fondu / 1 cuil. à soupe de persil haché / 1 pincée d'estragon frais ou sec / Sel / Poivre / 1 dl. de crème fouettée.*

Dorer le lapin en morceaux avec l'huile et le beurre. Assaisonner, ajouter l'oignon haché et la poitrine taillée en lardons. Poursuivre la cuisson 5 minutes puis ajouter la concassée de tomates. Couvrir la cocotte puis enfourner à 180° (th. 6). Réserver dans un plat.

Faire fondre doucement le beurre. Mélanger les jaunes, le vinaigre, le persil et l'estragon. Fouetter l'ensemble au bain-marie. Lorsque le mélange est crémeux, retirer du feu et incorporer le beurre à la manière d'une mayonnaise, assaisonner, ajouter la crème fouettée. Verser cette sauce sur le lapin. Enfourner à four très chaud pour glacer l'ensemble. Servir aussitôt.

Lapins de garenne à la braconnière

Prép. : 20 mn. Cuiss. : 1 h. 10 mn.

6 à 8 pers.

2 lapins de garenne / 1 l. de vin blanc sec / Sel / Poivre / Thym / 1 cuil. à soupe de concentré de tomate / Les foies des lapins / 2 gousses d'ail / 350 g. de champignons (mousserons, cèpes, Paris) / 1 kg. de pommes de terre grelot / 5 cl. d'huile / 40 g. de beurre / 1 cuil. à soupe de persil haché.

Dorer les lapins coupés en morceaux dans une cocotte en fonte. Ajouter le concentré de tomate, cuire encore 1 minute puis ajouter le vin. Assaisonner, couvrir la cocotte et cuire à très petit feu.

Aux trois-quarts de la cuisson, ajouter les pommes de terre et les champignons soigneusement lavés. Poursuivre la cuisson à terme.

Mixer les foies des lapins avec l'ail.

En fin de cuisson, retirer les morceaux de viande et les légumes. Lier la sauce avec les foies mixés. Donner un bouillon puis passer la sauce au chinois.

Dresser dans un plat, entourer des légumes, napper de sauce, saupoudrer de persil et servir aussitôt.

Lapin farci

Prép. : 40 mn. Cuiss. : 1 h.

6 pers.

1 lapin / 100 g. de mie de pain / 1 dl. de lait / 1 œuf / Sel / Poivre / Muscade / 1 gros oignon / 2 gousses d'ail / 150 g. d'échine de porc / 100 g. de lard fumé / 1 cuil. à soupe de persil haché / 60 g. de pignons de pin / 50 g. de raisins secs / 80 g. de beurre / 5 cl. d'huile / 2 dl. de vin blanc.

Hacher l'échine de porc avec le lard, assaisonner.

Mettre la mie de pain à tremper avec le lait puis l'égoutter et l'ajouter à la farce prédédente. Ajouter l'œuf, le persil, les pignons, les raisins, l'oignon et l'ail hachés revenus avec un morceau de beurre. Rectifier l'assaisonnement.

Assaisonner l'intérieur du lapin, le farcir et le coudre.

Assaisonner l'extérieur, le mettre dans une plaque, l'arroser d'huile, ajouter une noix de beurre. Le mettre à rôtir en arrosant souvent pendant la cuisson, le retourner de temps en temps pour le dorer sur toutes les faces.

En fin de cuisson, le retirer, jeter la graisse de cuisson, déglacer avec le vin blanc, réduire de moitié, assaisonner et passer au chinois.

Servir le lapin entier ou découpé arrosé du jus de cuisson.

Lapin rôti à la broche

Prép. : 15 mn. Cuiss. : 1 h.

6 pers.

1 lapin / 1 barde de lard / 200 g. de lard gras / 1 cuil. à soupe de moutarde / Sel / Poivre / Thym ou serpolet / 1 dl. d'huile.

Piquer le lapin avec des bâtonnets de lard gras, l'assaisonner, l'enduire de moutarde à l'aide d'un pinceau, l'entourer de la barde de lard et le ficeler. L'enfiler sur la broche et le mettre à rôtir en arrosant souvent avec de l'huile pendant la cuisson.

Accompagner de pommes de terre rôties dans la braise ou cuites en papillote au four. Crème fraîche à part.

Ragoût de lapin à la cuiller

Prép. : 20 mn. Cuiss. : 1 h 30 mn.

6 pers.

4 cuisses de lapin / 100 g. de poitrine fumée en lardons / 75 cl. de vin rouge / Sel / Poivre / Sauge / Thym / 1/4 l. de crème / 1 feuille de laurier / 1 clou de girofle / 1 branche de persil / 1 cuil. à soupe de ciboulette hachée / 4 baies de genièvre / 5 cl. d'huile.

Désosser les cuisses de lapin, les tailler en cubes et les assaisonner. Dorer les morceaux à l'huile chaude dans une cocotte, à mi-cuisson, ajouter les lardons. Jeter la graisse de cuisson, ajouter le vin rouge et la garniture aromatique. Cuire 1 heure. Ajouter la crème et poursuivre la cuisson sans couvercle, jusqu'à terme. Retirer la garniture, dresser dans un plat creux, saupoudrer de ciboulette hachée.

Accompagner de nouilles.

Ragoût de lapin "cremolata"

Prép. : 40 mn. Cuiss. : 1 h.

6 pers.

1 lapin / 300 g. de brunoise de carottes, céleri, champignons, oignons / Huile-beurre pour la cuisson / 1 dl. de vin rouge / 1 cuil. à soupe de concentré de tomate / 7 dl. de fond brun de lapin (recette p. 92) ou bouillon / 2 gousses d'ail / Le zeste d'un citron / 1 cuil. à soupe de persil haché / Sel / Poivre / Paprika / 1 feuille de laurier / 1 clou de girofle.

Etuver au beurre la brunoise de légumes. La réserver pour la fin de la recette.

Dorer les morceaux de lapin dans une cocotte en fonte épaisse dans de l'huile très chaude. Jeter la graisse de cuisson. Ajouter la tomate concentrée et remuer. Ajouter le vin, réduire d'un tiers, ajouter le fond ou le bouillon, ajouter laurier, girofle, couvrir la cocotte et cuire jusqu'à terme.

En fin de cuisson, retirer la viande, ajouter la brunoise de légumes, le temps de la chauffer, remettre la viande, donner un bouillon et dresser dans un plat.

Hacher l'ail, le zeste de citron, le persil, mélanger et saupoudrer la viande de ce mélange. Servir aussitôt.

Pot-au-feu de lapin

Prép. : 25 mn. Cuiss. : 1 h.

6 pers.

1 lapin / 3 carottes / 3 navets / 1 boule de céleri / 1 poireau / 6 pommes de terre / 1 demi chou blanc / 2 feuilles de laurier / 1 clou de girofle / 10 grains de poivre / Sel / 2 l. de cidre / 1 l. d'eau.

Dans une casserole, mettre le cidre, l'eau, le laurier, les clous de girofle, le sel, le poivre en grains et tous les légumes sauf les pommes de terre. A ébullition, ajouter les morceaux de lapin et cuire 1 heure.

Lorsque les légumes sont cuits, les retirer. Poursuivre la cuisson du lapin. Cuire les pommes de terre à part avec un peu de bouillon prélevé.

Dresser dans un plat comme un pot au feu avec le bouillon servi à part. Accompagner de moutarde ou de raifort.

Baron de lapin farci au ris de veau

XXX OOO

Prép. : 1 h. Cuiss. : 1 h.

6 pers.

1 baron de lapin / 200 g. de filet de porc / 5 cl. de crème / 1 œuf / 1 ris de veau (130 g.) / 1 cuil. à soupe de ciboulette / 160 g. de foie gras / Sel / Poivre / 4 épices / 3 cl. d'huile / 10 tranches fines de lard / 2 dl. de vin blanc.

Désosser le baron de lapin, l'aplatir et l'assaisonner.

Mixer le filet de porc, la crème, l'œuf et l'assaisonnement. Tailler le ris de veau blanchi en dés de 1 cm. Les assaisonner et les dorer. Les ajouter refroidis à la précédente farce, avec la ciboulette hachée.

Recouvrir le baron d'une couche de farce, poser le foie gras en boudins au milieu, recouvrir d'une couche de farce, le fermer, l'entourer de tranches de lard, le ficeler et le mettre à rôtir doucement au four, th. 7, en arrosant souvent pendant la cuisson. Vérifier la cuisson à l'aide d'une aiguille.

Réserver le rôti, déglacer avec le vin, laisser réduire. Servir le baron avec le jus passé au chinois

Baron de lapin à l'aïoli à la grecque

Prép. : 15 mn. Cuiss. : 35 mn.

4 pers.

1 baron de lapin / Sel / Poivre / Marjolaine / Huile (cuisson du lapin) / 1 pomme de terre (150 g.) / 6 gousses d'ail / 1,5 dl. d'huile d'olive / 1 jaune d'œuf / 5 cl. de vin blanc / 12 cl. de crème / 1/2 cuil. à soupe de moutarde.

Mettre le baron assaisonné et huilé à rôtir au four, th. 7, en l'arrosant souvent.

Préparer l'aïoli : piler la pomme de terre cuite à l'eau dans un mortier avec les gousses d'ail et le jaune d'œuf. Monter cette préparation à l'huile, comme une mayonnaise, assaisonner.

Après 20 minutes de cuisson du baron de lapin, le recouvrir d'une couche d'aïoli et poursuivre ainsi la cuisson jusqu'à terme.

Le réserver au chaud, jeter la graisse de cuisson, déglacer le plat avec le vin blanc, réduire de moitié et ajouter la crème et la moutarde. Rectifier l'assaisonnement et passer au chinois dès la première ébullition.

Dresser le baron sur un plat, arroser de sauce et servir avec des pommes de terre.

Baron farci aux épices

XXX O

Prép. : 45 mn. Cuiss. : 1 h.

6 pers.

1 lapin / 150 g. de mie de pain / 1,5 dl. de lait / 1 oignon haché / 50 g. de beurre / Sel / Poivre / Muscade / 5 cl. de crème / 1 œuf / 5 cl. d'huile d'olive / 1 cuil. à soupe de persil / 1,5 dl. de vin blanc sec / 5 tranches fines de lard fumé / 2 pincées de cumin / 1 pincée de gingembre en poudre / 1 pincée de cannelle / 1 pincée de curry.

Séparer le baron du lapin. Désosser le râble par l'intérieur. Désosser l'avant du lapin pour récupérer 300 g. de chair. La mixer avec la mie trempée dans le lait et égouttée, l'œuf, l'oignon haché et revenu dans le beurre, le persil haché, l'assaisonnement et la crème.

En farcir le râble. Le coudre. Le recouvrir de tranches de lard fumé puis le ficeler. Assaisonner le lapin avec les épices. Saler et poivrer. Cuire à four chaud pendant une heure en arrosant souvent.

Déglacer avec le vin blanc, remettre 2 minutes au four puis passer au chinois. Couper le râble en tranches, les cuisses en morceaux, servir avec le jus de cuisson.

Brochettes de lapin

Prép. : 30 mn. Cuiss. : 10 mn.

4 pers.

1 baron de lapin / 3 tranches de lard fumé (150 g.) / 1/2 poivron / 1 gros oignon / Sel / Poivre / Thym / 1,5 dl. d'huile d'olive / 1 jus de citron.

Séparer les cuisses du râble, les désosser et les tailler en cubes.

Désosser le râble, parer les filets et les tailler en cubes.

Tailler le lard en cubes et le poivron en carrés.

Eplucher l'oignon et tailler des quartiers.

Enfiler tous les ingrédients sur les brochettes en intercalant viande et légumes. Les poser dans un plat creux, ajouter l'huile et le jus de citron.

Les laisser 1 heure dans cette marinade en les tournant souvent.

Les griller après les avoir assaisonnées.

Accompagner de tomates provençales et de chips.

Après cuisson, on peut les flamber avec du calvados ou de l'eau de vie de céleri.

Côtelettes de lapin au grill

✗ ○

Prép. : 15 mn. Cuiss. : 15 mn.

Marinade : 2 h. 4 pers.

2 râbles de lapin / Sel / Poivre / Thym / Romarin / 1 dl. d'huile / 1/2 jus de citron / 1 bouquet de persil.

Tailler les râbles en deux dans la longueur, puis tailler des côtelettes dans chaque demi-râble en les tronçonnant en 6. Mettre ces mini-côtelettes à mariner dans le mélange huile-jus de citron, les assaisonner et les retourner souvent dans la marinade. Laisser 2 heures au frais.

Les retirer de la marinade et les griller sur un grill ou au barbecue.

Accompagner de pommes de terre cuites dans la braise ou au four, enveloppées de papier d'aluminium. Décorer d'un brin de persil.

On peut utiliser de l'huile d'olive pour cette recette.

Cordon bleu de lapin

✗✗ ○

Prép. : 20 mn. Cuiss. : 15 mn.

4 pers.

2 râbles de lapin / 12 tranches fines de lard fumé / 150 g. de tranches de gruyère / 1 œuf / 5 cl. d'huile + 30 g. de beurre / 2 citrons / 1 bouquet de persil / 1 paquet de chapelure / Sel / Poivre.

Désosser les râbles, pour obtenir quatre filets, les parer, les aplatir, les assaisonner.

Disposer sur chaque filet 3 tranches de lard et deux tranches de gruyère, fermer en portefeuille, les paner en les passant dans l'œuf battu puis dans la chapelure. Les cuire à la poêle dans un mélange chaud huile-beurre.

Dresser sur un plat, décorer de quartiers de citrons, de brins de persil, servir aussitôt avec des pommes frites et des tomates provençales.

Broconcini de filet de lapin

Prép. : 35 mn. Cuiss. : 15 mn.

4 pers.

4 râbles de lapin / 2 tranches de jambon de Parme / Feuilles de sauge / Sel / Poivre / 5 cl. d'huile / 2 tomates / 2 tranches de lard / 8 champignons de Paris.

Désosser les râbles, parer les filets, les couper en deux dans la longueur puis les ouvrir en deux dans l'épaisseur, les aplatir et les assaisonner. Poser une tranche de jambon de Parme de même grandeur sur chaque escalope puis une feuille de sauge, les fermer en portefeuille puis enfiler 4 petites escalopes par personne sur des brochettes en intercalant avec des tranches de lard, des champignons, des tomates. Les assaisonner, les huiler et les faire griller.

Accompagner de polenta.

Crépinette de lapin

XX O

Prép. : 1 h. Cuiss. : 1 h.

4 pers.

500 g. de chair de lapin / 100 g. de lard gras / 5 cl. de crème / 2 râbles de lapin / 1/2 l. de crème + 2 cl. de Porto blanc / 4 tranches de crépine de porc de 15 cm. de côté / Sel / Poivre / 4 épices ou épices à pâté (recette p. 93) / 5 cl. d'huile / 1 bouquet de persil.

Désosser les râbles de lapin, parer les filets, les assaisonner et les mettre à mariner une nuit dans le demi-litre de crème et Porto.

Mixer la chair de lapin et le lard, ajouter la crème et l'assaisonnement.

Le lendemain, égoutter les viandes, les éponger. Etaler sur le plan de travail les 4 carrés de crépine, poser dessus un peu de farce puis un filet de lapin, refermer les crépines, les poser dans un plat allant au four, arroser d'huile et cuire pendant 25 minutes.

Dégraisser la plaque de cuisson, et ajouter la crème de la marinade, cuire jusqu'à la nappe, vérifier l'assaisonnement.

Dresser les crépines sur assiettes individuelles et entourer la base de sauce. Décorer d'un brin de persil. Accompagner de chou vert cuit à part.

Côtelettes de lapin pojarsky

XX O

Prép. : 4 mn. Cuiss. : 1 mn.

4 pers.

500 g. de chair de lapin / 1,5 dl. de crème / 1 blanc d'œuf / Sel / Poivre / 1/3 de vin rouge / 120 g. de beurre / 5 cl. d'huile / 30 g. de beurre.

Mixer la chair du lapin avec le blanc d'œuf puis la crème et l'assaisonnement. Former 4 côtes en se mouillant les mains avec de l'eau pour faciliter le travail.

Cuire les côtes à la poêle à feu doux dans le mélange huile-beurre.

Les réserver. Déglacer avec le vin, le réduire des trois-quarts. Ajouter le beurre en noisettes en fouettant, goûter l'assaisonnement.

Dresser les côtes sur plat ou assiette et napper de sauce, accompagner de pommes de terres sautées.

Cuisses de lapin à l'orange

Prép. : 45 mn. Cuiss. : 1 h.

6 pers.

4 cuisses de lapin / 1 cuil. à soupe de sucre / 2 cl. de vinaigre / 2 oranges / 2 cl. de cointreau / 1,5 dl. de fond brun lié (frais ou lyophilisé en sachet) / Sel / Poivre / 3 cl. d'huile / 40 g. de beurre.

Assaisonner les cuisses et les mettre à rôtir au four (th. 7) avec l'huile et le beurre. Arroser souvent pendant la cuisson.

Mettre le sucre dans une casserole avec le vinaigre, porter à ébullition pour en faire un caramel. Lorsqu'il est arrivé à ce stade, ajouter le cointreau et flamber, ajouter le fond brun et le jus d'une demi-orange et assaisonner. Cuire 5 minutes puis ajouter une julienne de zestes d'une demi-orange préalablement blanchie à l'eau bouillante et égouttée.

Dresser les cuisses sur plat ou sur assiette, napper de sauce et décorer de tranches d'oranges.

Cuisses de lapin farcies

Prép. : 25 mn. Cuiss. : 25 mn.

4 pers.

4 cuisses de lapin / 10 pruneaux / 70 g. d'amandes effilées / 4 fines tranches de lard / Sel / Poivre / 3 cl. d'huile / 40 g. de beurre / 1 dl. de vin blanc sec.

Désosser les cuisses de lapin, les assaisonner.

Mixer les pruneaux avec les amandes et le lard. Poser un peu de farce dans chaque cuisse puis les ficeler et les mettre à dorer doucement dans le mélange huile-beurre. Enfourner à four chaud en surveillant et en arrosant souvent pendant la cuisson.

Les retirer en fin de cuisson, jeter la graisse et déglacer avec le vin, réduire un peu, goûter l'assaisonnement.

Dresser chaque cuisse sur assiette et entourer du jus de cuisson.

Accompagner de pommes de terre sautées ou rissolées.

Emincé à la thaïlandaise

Prép. : 20 mn. Cuiss. : 20 mn.

4 pers.

2 râbles de lapin / 2 cuil. à soupe d'huile d'olive / 200 g. de riz parfumé de Thaïlande / 1 boîte de pousses de bambou (170 g.) / 4 cuil. à soupe de sauce soja / 150 g. de tomates pelées épépinées / Sel / Poivre / Epices parfumées (en vente en grande surface) / 1 cuil. à soupe de nuoc-mam / 5 cl. d'huile.

Désosser les râbles de lapin, les parer, les émincer en fines lamelles. Les assaisonner.

Cuire le riz parfumé dans 3/4 litre d'eau salée et 2 cuillères à soupe d'huile, jusqu'à absorption complète de l'eau. Ajouter les pousses de bambou égouttées.

Faire sauter la viande rapidement à l'huile très chaude pour dorer les morceaux puis les ajouter dans le riz. Ajouter la sauce soja, le nuoc-mam et les tomates en dés. Vérifier l'assaisonnement et dresser dans des petits bols individuels. Servir aussitôt.

Emincé de râble à la fine champagne

Prép. : 20 mn. Cuiss. : 5 mn.

4 pers.

2 râbles de lapin / 1/4 l. de crème / 3 cl. de fine champagne / 2 échalotes / 5 cl. d'huile + 20 g. de beurre / 100 g. de lard fumé / Sel / Poivre / 1 pincée de sauge hachée / Sel / Poivre du moulin.

Désosser les râbles, les parer et les émincer en fines lamelles. Assaisonner. Ajouter le lard coupé en dés.

Dans le mélange très chaud huile-beurre, faire sauter rapidement la viande avec les échalotes hachées. Jeter la graisse de cuisson, flamber à la fine champagne. Réserver la viande, ajouter la crème, laisser réduire quelques instants. Remettre la viande, donner un bouillon et verser dans un plat.

Saupoudrer de sauge hachée et servir aussitôt. Accompagner de riz.

Emincé de râble aux morilles

Prép. : 20 mn. Cuiss. : 10 mn.

4 pers.

2 râbles de lapin / 50 g. de morilles sèches / 2 échalotes / 4 cl. de cognac / 1/4 l. de crème / 40 g. de beurre / 2 cuil. à soupe d'huile / Sel / Poivre du moulin.

La veille, mettre les morilles à tremper dans de l'eau tiède (1/4 litre).

Le lendemain, les égoutter et réserver l'eau de trempage. Les couper en deux dans la longueur et les laver plusieurs fois à grande eau. Filtrer l'eau de trempage pour éliminer le sable. La réduire des deux-tiers, écumer et ajouter la crème. Cuire 5 minutes.

Dans un sautoir à fond épais, faire sauter rapidement, dans un mélange huile-beurre, les filets retirés sur les râbles parés émincés et assaisonnés. Mettre les échalotes hachées et les morilles à la place, suer 5 minutes puis flamber avec le cognac. Ajouter la sauce et vérifier l'assaisonnement. Remettre l'émincé de filet de râble, donner un bouillon, dresser en timbale et servir aussitôt avec du riz en accompagnement.

Escalopes de lapin au confit d'échalotes

Prép. : 30 mn. Cuiss. : 30 + 8 mn.

4 pers.

2 râbles de lapin / 1 kg. d'échalotes / 1,5 l. d'huile / Huile-beurre de cuisson / Sel / Poivre / 1 bouquet de persil.

Cuire les échalotes 30 minutes avec leurs peaux dans l'huile, à feu doux, jusqu'à ce qu'elles soient tendres. Vérifier la cuisson avec une aiguille. Bien les égoutter. Les passer à la moulinette à gros trous. Assaisonner. Réserver au chaud.

Désosser les râbles, parer les quatre filets, les ouvrir en deux dans l'épaisseur, les aplatir et les assaisonner. Les dorer sur les deux faces dans un mélange chaud huile-beurre. Dans le fond de chaque assiette, déposer un peu de purée d'échalotes, poser dessus une escalope, garnir d'un brin de persil et servir. Accompagner de pommes de terre sautées.

En fin de cuisson des échalotes, filtrer l'huile de cuisson qui pourra servir à une autre utilisation telle que la friture.

Il est inutile d'éplucher les échalotes car les peaux ne passent pas au travers de la moulinette.

Escalopes de lapin florentine

Prép. : 20 mn. Cuiss. : 15 mn.

4 pers.

2 râbles de lapin / 400 g. d'épinards en branches cuits / 1/2 l. de sauce béchamel épaisse (p. 90) / 200 g. de gruyère râpé / Sel / Poivre / Muscade / Huile-beurre de cuisson.

Désosser les râbles, parer les quatre filets, les ouvrir en deux dans l'épaisseur, les aplatir et les assaisonner. Les dorer à la poêle dans le mélange huile-beurre. Les retirer lorsqu'elles sont cuites aux trois quarts. Déposer sur chaque escalope un peu d'épinard cuit, napper de sauce béchamel, saupoudrer le dessus de gruyère râpé et mettre à gratiner au four.

Servir aussitôt.

Escalopes de lapin panées à la noix de coco

Prép. : 20 mn. Cuiss. : 10 mn.

4 pers.

1 râble + 2 cuisses de lapin / 100 g. de noix de coco râpée / 1 paquet de chapelure / 2 œufs / 5 cl. d' huile + 40 g. de beurre / 2 citrons / Sel / Poivre / 1 bouquet de persil.

Désosser le râble, parer les filets, les ouvrir dans l'épaisseur, les aplatir, les assaisonner. Désosser les cuisses, les dédoubler, les aplatir, les assaisonner.

Mélanger la chapelure et la noix de coco.

Paner les escalopes en les passant dans les œufs battus en omelette puis dans la chapelure-noix de coco, les aplatir pour bien faire adhérer.

Cuire les escalopes dans le mélange chaud beurre-huile en les retournant souvent, à feu modéré.

Dresser sur plat ou assiette de service et décorer avec des quartiers de citron.

Décorer d'un brin de persil.

On peut aussi paner ces escalopes avec des amandes broyées.

Grenadins aux noisettes

XX O

Prép. : 25 mn. Cuiss. : 15 mn.

4 pers.

2 râbles de lapin / 1 œuf / 250 g. de poudre de noisettes / Sel / Poivre / Huile-beurre de cuisson / 500 g. de carottes / 1,5 dl. de crème / 1 dl. de lait / 60 g. de beurre / Sel / Poivre / 1 bouquet de persil.

Désosser les râbles, parer les quatre filets, les ouvrir en deux dans l'épaisseur, les aplatir et les assaisonner. Les paner en les passant dans l'œuf battu puis dans la poudre de noisettes.

Cuire les carottes épluchées et coupées en gros tronçons dans l'eau salée. Les égoutter puis les mixer avec le beurre, la crème et le lait. Assaisonner. Réserver au chaud.

Cuire les escalopes dans le mélange huile-beurre à feu modéré pour éviter de brûler les noisettes.

Dans chaque assiette, déposer un peu de coulis de carottes, poser les escalopes dessus, garnir d'un brin de persil et servir aussitôt accompagné de petits pois à la française.

Minute de lapin aux fèves et à la moelle

Prép. : 20 mn. Cuiss. : 8 mn.
4 pers.

4 cuisses de lapin / 200 g. de fèves / 150 g. de moelle de bœuf / 1/4 l. de vin rouge / 100 g. de beurre / 5 cl. d'huile / Sel / Poivre / 1 cuil. à soupe de persil / 2 échalotes / 800 g. de poitrine fumée en lardons.

Désosser les cuisses de lapin, émincer la chair en fines lamelles et les assaisonner.

Eplucher les fèves. Les cuire à l'eau bouillante salée pendant 4 minutes puis les rafraîchir. Les réserver.

Faire dorer rapidement à l'huile très chaude l'émincé de cuisse, les lardons et les échalotes hachées. Les retirer lorsqu'ils sont dorés, mettre les fèves à la place et les cuire au beurre pendant 5 minutes pour les colorer légèrement. Les assaisonner et les réserver au chaud.

Jeter la graisse de cuisson et ajouter le vin. Faire réduire des trois-quarts. Ajouter le beurre en parcelles en fouettant. Rectifier l'assaisonnement, ajouter la viande et les fèves ainsi que la moelle de bœuf qui aura été pochée 4 minutes à l'eau bouillante. Donner un bouillon.

Dresser sur assiette ou dans un plat à gratin, saupoudrer de persil haché.

Pavé chaud au ris de veau et rognons de lapin

Prép. : 1 h. Cuiss. : 1 h.

10 pers.

1 râble de lapin / 1 noix de ris de veau / 8 rognons de lapin / 1 cuisse de lapin / 200 g. de filet de porc / 5 cl. d'huile / 1 dl. de crème / 1 œuf / 1 cuil. à soupe de ciboulette hachée / 1 cuil. à soupe de pistaches émondées / Sel / Poivre / Muscade.
Sauce au vin rouge : *1/2 l. de vin rouge / 2 échalotes hachées / 100 g. de beurre / Sel / Poivre.*

Couper les rognons de lapin en deux dans l'épaisseur.

Mettre la noix de ris de veau à blanchir 15 minutes à grande eau bouillante, puis la rafraîchir, la parer, la tailler en dés de 1 cm. et réserver.

Désosser le râble, parer les filets, les tailler de la même grandeur que les ris.

Désosser la cuisse de lapin, la passer au mixer avec le filet de porc, assaisonner, ajouter l'œuf puis la crème. Retirer du mixer, ajouter les pistaches émondées et la ciboulette. Goûter l'assaisonnement.

Chauffer l'huile puis y faire revenir les rognons assaisonnés, les tenir rosés.

Refaire la même opération avec les ris puis avec les dés de filet de lapin.

Ajouter le mélange filet-ris et rognons à la farce précédente, puis la mouler dans une terrine beurrée ; mettre dans un bain-marie puis au four pendant 1 heure.

Retirer du moule, tailler en tranches, disposer sur assiettes individuelles puis entourer la base de sauce faite ainsi : réduire des deux-tiers le vin rouge avec les échalotes hachées puis ajouter le beurre en noisettes, assaisonner, passer au chinois.

Servir avec des épinards en branches passés au beurre.

Petit sauté minute de râble à la bourguignonne

Prép. : 20 mn. Cuiss. : 5 mn.

4 pers.

2 râbles de lapin / 3 échalotes / 1/2 l. de vin rouge de Bourgogne / 100 g. de beurre / 1 cuil. à soupe de persil / 5 cl. d'huile / 10 g. de beurre manié (p. 93) / Sel / Poivre du moulin.

Désosser les râbles, parer les filets, les tailler en dés et les assaisonner. Les dorer à l'huile très chaude dans un sautoir épais. Faire revenir les échalotes hachées à la place, jeter la graisse de cuisson et ajouter le vin. Laisser réduire d'un tiers, lier avec le beurre manié puis ajouter peu à peu le beurre frais en fouettant. Rectifier l'assaisonnement.

Dresser la viande en timbale, napper de sauce, saupoudrer de persil haché.

Servir aussitôt avec des nouilles ou du riz.

Paupiettes de lapin aux pleurotes

Prép. : 45 mn. Cuiss. : 1 h.

6 pers.

1 baron de lapin / 400 g. de pleurotes / 50 g. de beurre / 1 gousse d'ail / 1 tranche de jambon cuit (70 g.) / Sel / Poivre / Muscade / 5 cl. d'huile / 3/4 de l. de fond brun de veau / 50 g. de lardons de poitrine fumée.

Désosser le râble, ne conserver que les deux filets, les parer, puis les ouvrir en portefeuille dans l'épaisseur, les aplatir et les assaisonner.

Désosser les cuisses, les dédoubler, les aplatir, les assaisonner.

Nettoyer et laver les pleurotes. En cuire 100 g. dans 20 g. de beurre, assaisonner. A complète évaporation de l'eau, les hacher avec le jambon, l'ail. Disposer un peu de cette farce sur chaque escalope, les fermer, les rouler et les ficeler. Les faire dorer dans l'huile chaude, jeter la graisse de cuisson, ajouter le fond, couvrir la casserole et laisser cuire 40 minutes. En fin de cuisson, retirer les ficelles et réserver.

Cuire le reste des pleurotes et les lardons dans 30 g. de beurre. Ajouter le fond de cuisson des paupiettes et cuire 1 minute. Dresser la sauce aux champignons dans le fond des assiettes, poser une paupiette et servir aussitôt.

Piccata de lapin à la milanaise

Prép. : 20 mn. Cuiss. : 20 mn.
6 pers.

4 cuisses de lapin / Sel / Poivre / 120 g. de gruyère râpé / 500 g. de spaghetti / 100 g. de beurre / 200 g. de julienne de jambon-champignons-langue de bœuf cuite / 2 dl. de sauce tomate (p. 91) / Huile et beurre pour la cuisson / 2 œufs.

Désosser les cuisses de lapin, les dédoubler, les aplatir et les assaisonner. Les dorer dans le mélange huile-beurre.

Cuire les spaghetti al-dente à grande eau salée. Les égoutter et les lier avec 100 g. de beurre.

Mélanger le gruyère et les œufs, déposer un peu de ce mélange sur chaque escalope de lapin puis faire gratiner au four très chaud.

Chauffer la sauce tomate. Chauffer la julienne de langue-jambon-champignons.

Dresser les spaghetti, mettre les escalopes au milieu, entourer la base avec la julienne. Servir la sauce tomate à part. Envoyer aussitôt prêt.

Râble de lapin aux chayottes

Prép. : 25 mn. Cuiss. : 35 mn.
4 pers.

2 râbles de lapin / 800 g. de chayottes / 1 paquet de chapelure / 1 œuf / 1 cuil. à soupe de moutarde / Sel / Poivre / 1 dl. de vin blanc sec / 1 branche de persil / 80 g. de beurre.

Rôtir les râbles assaisonnés et moutardés au four, th. 8 en arrosant souvent.

Couper les chayottes en deux puis chaque moitié en trois, retirer le cœur un peu dur, éplucher chaque quartier et les mettre à cuire 20 minutes à l'eau bouillante salée. Les égoutter, les rafraîchir, les poêler au beurre pour les dorer. Les assaisonner.

Les paner en les passant dans l'œuf battu puis dans la chapelure. Les faire dorer au beurre.

Réserver les râbles cuits, jeter la graisse de cuisson, déglacer avec le vin. Laisser réduire un peu, rectifier l'assaisonnement.

Disposer les râbles en tranches sur les assiettes, entourer du jus de cuisson et des chayottes, décorer d'un brin de persil et servir aussitôt.

Râble de lapin farci à la mousseline de grenouille

Prép. : 40 mn. Cuiss. : 40 mn.

4 pers.

1 râble de lapin / 400 g. de cuisses de grenouilles / 1 œuf / 5 cl. de crème / 120 g. de chair de lapin / Sel / Poivre / 4 tranches fines de lard fumé / 1/4 l. de crème / 5 cl. d'huile / 1 carotte / 1 branche de persil / 1 feuille de laurier / 1 clou de girofle / 1 oignon.

Désosser le râble, retirer les deux filets, les parer.

Désosser les cuisses de grenouille à l'aide d'un petit couteau pour obtenir 160 g. de chair nette. La mixer avec un œuf, la crème, l'un des deux filets prélevés sur le râble et les 120 g. de chair de lapin. Assaisonner.

Etaler la moitié de la farce sur le râble, poser au milieu le filet restant, recouvrir de farce, fermer le râble, l'entourer des tranches de lard et le ficeler.

Poser le râble sur un plat allant au four, l'arroser d'huile et le mettre à rôtir doucement, th. 6. L'arroser souvent pendant la cuisson.

Réserver le rôti. Déglacer la plaque avec le fumet de grenouille (les os cuits 1 heure à petit feu avec une garniture aromatique et 1 l. d'eau puis passés au chinois). Réduire de moitié, le passer, ajouter la crème et laisser réduire. Assaisonner.

Découper le rôti en tranches, les disposer sur assiettes, entourer de sauce. Accompagner de légumes.

Râble de lapin farci aux légumes

XX O

Prép. : 40 mn. Cuiss. : 40 mn.

3 pers.

1 râble de lapin / 2 tranches de jambon / 100 g. de céleris, de carottes et de poireaux / 20 g. de beurre / Sel / Poivre / 5 cl. d'huile.

Désosser le râble en laissant les deux filets attenants.

Tailler les légumes en julienne, les cuire au beurre à couvert à petit feu. Les réserver et les laisser refroidir.

Aplatir le râble, le tapisser de tranches de jambon, poser la julienne, refermer le râble, le ficeler comme un rôti. Le mettre dans un plat allant au four, l'assaisonner, l'arroser d'huile et le mettre à rôtir doucement, à four th. 7.

Vérifier la cuisson à l'aide d'une aiguille. Le servir découpé en tranches, avec le jus de viande et une purée de pommes de terre à part.

Râble de lapin farci en croûte

Prép. : 40 mn. Cuiss. : 50 + 40 mn.

4 pers.

2 râbles de lapin / 100 g. de champignons de Paris / Sel / Poivre / 50 g. de beurre / 250 g. de pâte feuilletée / 6 tranches fines de lard fumé / 1 cuil. à soupe de persil haché / 1 gousse d'ail / 1 jaune d'œuf.

Désosser les râbles en laissant les deux filets attenants, les aplatir, les assaisonner. Nettoyer, laver et cuire au beurre les champignons de Paris assaisonnés. Les mixer. Dessécher cette purée sur le feu pendant 2 minutes. Ajouter l'ail et le persil hachés.

Poser un peu de farce au milieu de chaque râble, les refermer, les entourer de tranches de lard et les ficeler comme un rôti. Les dorer au beurre pendant 5 minutes pour les saisir, les refroidir et les déficeler.

Etaler la pâte, envelopper les râbles en soudant les bords avec un peu d'eau. Décorer le dessus de quelques motifs de pâte, dorer avec le jaune et enfourner à four moyen (th. 6).

Les servir coupés en deux, accompagner d'un jus de viande et d'épinards en branches passés au beurre.

En saison, on pourra tapisser l'intérieur du râble avec quelques feuilles de basilic frais avant de poser la farce.

Sauté minute strogonoff

Prép. : 20 mn. Cuiss. : 10 mn.

4 pers.

1 baron de lapin / 4 dl. de crème / 1 jus de citron / 10 cornichons moyens / Sel / Poivre / 1 cuil. à soupe de paprika doux / 3 cl. d'huile / 30 g. de beurre / 2 échalotes.

Désosser le râble et les deux cuisses, émincer la viande en lamelles fines, les assaisonner de sel et de poivre. Les faire dorer rapidement dans le mélange chaud huile-beurre. Ajouter les échalotes hachées, cuire encore 3 minutes. Saupoudrer la viande de paprika, mélanger, ajouter les cornichons émincés, la crème et le jus de citron. Donner quelques bouillons, vérifier l'assaisonnement. Verser dans un plat creux et servir aussitôt. Accompagner de riz ou de pommes de terre sautées.

Râble de lapin farci de son foie et de ses rognons

XXX O

Prép. : 40 mn. Cuiss. : 20 mn.

2 pers.

1 râble de lapin / 5 tranches fines de lard fumé / 1 foie et 2 rognons de lapin / Sel / Poivre / Thym / 3 cl. d'huile / 30 g. de beurre / 1,5 dl. de vin blanc sec.

Désosser le râble en laissant les deux filets attenants, l'ouvrir et l'aplatir légèrement, l'assaisonner.

Assaisonner le foie et les rognons, les saisir à l'huile très chaude 30 secondes sur chaque face, les retirer et les refroidir. Les poser au milieu du râble, le fermer, l'entourer de tranches de lard et le ficeler comme un rôti.

Le mettre à rôtir au four avec un peu d'huile et un morceau de beurre. Cuire doucement en l'arrosant souvent. En fin de cuisson, le retirer, jeter la graisse de cuisson et déglacer avec le vin blanc. Passer le jus au chinois, rectifier l'assaisonnement.

Tailler le râble en tranches, dresser sur assiette, entourer du jus de cuisson.

Sauce béarnaise

Prép. : 15 mn. Cuiss. : 15 mn.

6 pers.

6 jaunes d'œufs / 500 g. de beurre / 1/2 dl. de vin blanc / 1/2 dl. de vinaigre / 2 échalotes hachées / 1 pincée de poivre concassé / Persil haché / 1 cuil. à soupe de cerfeuil et d'estragon hachés / Sel / Poivre.

Réduire le vin blanc et le vinaigre avec les grains de poivre jusqu'à ce qu'il ne reste que la valeur de 6 cuillères à soupe.

Passer au chinois, laisser tiédir, ajouter les jaunes d'œufs. Epaissir au bain-marie en fouettant.

Enlever le récipient du bain-marie. Ajouter peu à peu le beurre fondu en remuant. Eviter de mettre le petit lait déposé dans le fond du récipient. Assaisonner, ajouter les fines herbes hachées. Utiliser immédiatement.

Sauce béchamel

Prép. : 10 mn. Cuiss. : 8 mn.

pour 1/2 l. de sauce.

1/2 l. de lait / Sel / Poivre / Muscade / 40 g. de beurre / 40 g. de farine.

Mettre le lait assaisonné avec le sel, le poivre et la muscade à chauffer.

Faire fondre le beurre dans une casserole, ajouter la farine et laisser cuire 1 minute en remuant. Verser le lait bouillant, cuire quelques minutes en remuant, jusqu'à épaississement.

Vérifier l'assaisonnement. Débarrasser dans un récipient, utiliser immédiatement ou beurrer le dessus pour éviter la formation d'une croûte.

Sauce Cumberland

Prép. : 10 mn. Cuiss. : 5 mn.

6 pers.

4 cuillerées à soupe de gelée de groseille / 1 dl. de porto / 1 échalote / 1/2 zeste d'orange et de citron / le jus d'une orange / le jus d'un demi-citron / 1 cuillerée à café de moutarde / 1 pointe de poivre de Cayenne / 1 pointe de gingembre en poudre.

Emincer l'échalote, la blanchir et l'égoutter. Mélanger avec la gelée de groseille puis tous les autres ingrédients.

Sauce tomate

Prép. : 1 mn. Cuiss. : 30 mn.

pour 1/2 l. de sauce.

500 g. de tomates / 1 cuil. à soupe d'huile d'olive / 1 oignon / 1 gousse d'ail / 1 branche de thym / 1 feuille de laurier / 1 cuil. à café de sucre semoule / Sel / Poivre / 30 cl. d'eau / 1/2 cuil. à soupe de concentré de tomate.

Etuver l'oignon et l'ail émincés dans une casserole sans les faire colorer. Ajouter les tomates en quartiers et tous les autres ingrédients. Cuire 30 minutes à feu doux, mixer, passer au chinois. Vérifier l'assaisonnement.

Sauce vinaigrette

Prép. : 4 mn.

1 cuil. à café de moutarde / Sel / Poivre du moulin / 6 cuil. à soupe d'huile d'arachide / 2 cuil. à soupe de vinaigre.

Mélanger la moutarde, le sel, le poivre. Ajouter le vinaigre, mélanger, puis ajouter l'huile.

On peut ajouter 1/2 oignon haché fin, une gousse d'ail ou des herbes hachées (persil, cerfeuil, ciboulette).

Fond brun de lapin ✕○

Prép. : 15 mn. Cuiss. : 2 h.

1 kg d'os et parures de lapin / 1 carotte / 2 oignons / 1 bouquet de persil / 1 branche de céleri / 2 feuilles de laurier / 1 clou de girofle / 1 pincée de thym / 1 cuil. à soupe de concentré de tomate / 3 baies de genièvre / 10 grains de poivre / 1 pincée de sauge / 1 pincée de romarin / 1 pincée de serpolet / 5 cl. d'huile / 1 pied de veau.

Dans une cocotte en fonte, dorer les os et parures dans l'huile chaude. Jeter la graisse de cuisson, ajouter la tomate concentrée et cuire encore une minute. Ajouter tous les autres ingrédients et mouiller avec de l'eau à hauteur des os. Mettre à four doux pendant 2 heures puis passer au chinois.

Réserver pour l'utilisation.

A la place de cette recette on peut aussi utiliser 2 tablettes de bouillon kub + 3/4 l. d'eau. Mettre à bouillir puis lier avec 25 g. de beurre manié.

Marinade pour lapin ✕○

Prép. : 15 mn.

Pour 1 lapin

1/2 l. de vin blanc sec / 1 feuille de laurier / 1 clou de girofle / 5 cl. de fine champagne / 1 oignon / 1 carotte / 1 brin de persil.

Emincer l'oignon et la carotte. Ajouter tous les ingrédients.

Tailler le lapin en morceaux, réunir le tout dans un récipient adapté (non métallique), couvrir d'un papier d'aluminium ou film transparent et mettre au réfrigérateur.

Beurre manié

Prép. : 5 mn.

30 g. de beurre + 30 g. de farine.

Beurre en pommade à travailler avec le même poids de farine. Sert pour la liaison de sauces.

Pâte à pâté et tourte

Prép. : 15 mn. Repos : 2 h.

250 g.de farine / 125 g. de maïzena / 200 g. de beurre / 1 œuf / 2 dl. d'eau / 10 g. de sel.

Travailler la farine, la maïzena, le beurre et le sel pour obtenir un mélange sableux.

Ajouter l'œuf et l'eau et travailler pour former une pâte, la réserver au frais pendant 2 heures avant de l'utiliser.

Epices à pâté

Prép. : 15 mn.

10 g. de poivre blanc en grains / 5 g. de poivre noir en grains / 5 g. de paprika / 5 g. de marjolaine / 5 g. de thym / 5 g. de basilic / 5 g. de noix de muscade / 5 g. de feuilles de laurier / 5 g. de clou de girofle / 5 g. de gingembre.

Moudre finement toutes ces épices dans un moulin à café puis passer le mélange au tamis. Conserver dans un bocal fermé.

On peut aussi remplacer ces épices par du 4 épices vendu prêt à utiliser dans les commerces.

LEXIQUE

Bain-marie : Récipient d'eau très chaude en contenant un autre plus petit dans lequel on place des mets à cuire doucement ou à réchauffer.

Barde : Fines tranches de lard gras que l'on place autour d'un aliment (viande, poisson, terrine), pour éviter qu'il ne se dessèche à la cuisson.

Brunoise : Légumes coupés en petits dés de 1 à 3 mm.

Déglacer : Dissoudre avec un peu de liquide les sucs collés caramélisés au fond du récipient de cuisson.

Dresser : Disposer harmonieusement les mets sur plat ou sur assiette.

Julienne : Légumes coupés en bâtonnets.

Parer : Préparer un aliment en ôtant ce qui n'est pas consommable.

Pocher : Faire cuire les aliments dans un liquide frémissant.

Réduire : Laisser cuire à découvert un liquide pour diminuer son volume et augmenter saveur et consistance.

Suer : Faire sortir les sucs d'un aliment en le cuisant, sans liquide, dans un récipient fermé.

TABLE DES RECETTES

Les morceaux nobles

Les sauces

Les bases

Dépôt légal 2e trim. 1989 - Imp. n° 1 621

ISBN 2-7372-2046-7

Imprimé en C.E.E.